Rudolph Wurlitzer

NIRVANA MOTEL

Rudolph Wurlitzer

NIRVANA MOTEL

Eine spirituelle Odyssee
durch Südostasien

Aus dem Amerikanischen von
Michael Wallossek

Wolfgang Krüger Verlag

Die amerikanische Originalausgabe erschien 1994 unter dem Titel
Hard Travel to Sacred Places

Umschlaggestaltung: Buchholz/Hinsch/Hensinger
Satz: Fotosatz Otto Gutfreund GmbH, Darmstadt
Druck und Einband: Clausen & Bosse, Leck
Printed in Germany 1996
ISBN 3-8105-2331-3

Gedruckt auf chlor- und säurefreiem Papier

THAILAND

MONTAG, 15. MÄRZ 1993. NACH EINEM 22-STUNDEN-flug von Los Angeles kommt mir der Flughafen von Bangkok vor wie ein Hi-Tech-Boxenstopp in einem endlosen Tunnel des Bardo – jenem eigentümlichen Zwischenzustand, in den wir nach buddhistischer Überzeugung zwischen Leben und Tod eintreten. Benommen und ausgelaugt stolpern meine Frau Lynn Davis und ich durch den Zoll, nur um unerwartet auf Prinz Chatri, ein Mitglied der königlichen Familie, zu treffen. Er war über unsere Ankunft von einem englisch-italienischen Filmproduzenten in Kenntnis gesetzt worden, der mich gebeten hatte, die Regie bei der Verfilmung eines von mir verfaßten Drehbuchs zu übernehmen, das auf einem meiner Romane, *Slow Fade* (»Langsames Abblenden«), basiert. Ganz in bester Tradition der italienischen Filmindustrie war der Produzent gar nicht erst hier aufgetaucht, um mit mir zusammen Drehorte ausfindig zu machen, sondern hatte in letzter Minute Chatri als Ersatz aufgeboten (was sich als Glücksfall für uns herausstellen sollte). Ich hatte vollkommen vergessen, daß dieser »Film« geplant war, denn in Gedanken waren wir ganz bei Lynns Auftragsarbeit für eine New Yorker Zeitung: die buddhistischen Tempelanlagen in Thailand, Burma und Kambodscha zu fotografieren.

Und dann muß ich wieder an den wirklichen Grund unseres Kommens denken.

Vor sechs Monaten ist Lynns 21jähriger Sohn Ayrev bei einem Autounfall ums Leben gekommen. Auch nur für einen Moment das Befremdende, das Entsetzliche, die äußerste Endgültigkeit diese Faktums zu vergessen, das bedeutet, bei der Rückkehr der Erinnerung die Erfahrung aufs neue zu machen, als wäre es das erste Mal – eine Gefahr des Reisens, mit der wir es wieder und wieder zu tun haben sollten.

Doch nach langen Wochen der Einsamkeit hatten wir es schließlich einfach nötig, uns aus unserer Abkapselung zu lösen, wieder am Leben teilzuhaben, von jedem und allem weit entfernt zu sein, um dichter heran zu kommen an das, was wir auf jeden Fall durchzumachen haben.

Wir haben überlebt, indem wir unser Leben auf grundlegende Abläufe reduziert haben. Die allernormalsten Gesten sind zu etwas außerordentlich Wohltuendem geworden; die Intervalle zwischen den Gedanken und Erinnerungen zu etwas höchst Notwendigem. Doch jetzt, da wir unterwegs sind, läuft alles ab wie gehabt. Statt Innerlichkeit herrscht wieder Äußerlichkeit, und wir sind spirituell nicht genügend gefestigt, dem zu widerstehen, taumeln hin und her zwischen Gelähmtsein, dem Sammeln von Eindrücken und zwanghafter Zerstreutheit. Zu viele Gedanken. Zu viele Pläne oder, wie Buddhisten es ausdrücken würden, zu starkes Festhalten an den drei Giften: Anhaftung, Ablehnung und Verblendung.

Welch eine Ironie. Vor der Landung hatte Lynn noch davon gesprochen, wie heilfroh sie sei, sich nicht auf so einem verrückten »Film-Trip« zu befinden; viel angemessener sei unser Entschluß, auf eine Pilgerreise zu gehen, auf der wir es zulassen wollen, daß unsere Trauer über Ayrevs Tod, einen für uns allgegenwärtigen Verlust, sich in ihrer ganzen Vielschichtigkeit enthüllt. Nun aber – doch wieder ein Film, und ich fühle mich gefangen wie ein Fisch im Netz, wie so häufig in den letzten fünfundzwanzig Jahren. Etwas in mir heißt diese Störung willkommen. Wir sind derart mit unseren Kräften am Ende und so verletzlich, wie wir es uns nie hätten vorstellen können, und da wird es eine Erleichterung sein, wenn andere den Ablauf dieser Reise steuern.

Andererseits insistiert etwas in mir darauf, mein »Alleinsein« bis zum Äußersten zu durchleben, die Befremdung, die Erschöpfung und die Trauer auszuhalten, ganz zu schweigen von dem zusätzlichen, unverhofften Überraschungsmoment – denn mitunter kann Trauer, wie ich gelernt habe, abgesehen von allem anderen, das sie mit sich bringt, unsere normalerweise vorhandene Selbstbezogenheit und Eitelkeit mit solcher Macht zerschlagen, daß einem das, für einen Moment, wie eine Befreiung vorkommt. Genauer gesagt: Solange bis man wieder anfängt, sich selbst auf die Schulter zu klopfen, und erneut in die verkrusteten alten, gewohnheitsmäßigen Persönlichkeitsmuster verfällt.

Der Buddha geht an das Thema Abgeschiedenheit ganz anders heran. Im Gespräch mit dem alten Mönch Thera sagt er im *Theranāna-Sutta:*

> Ich will dir sagen, wie man vollständige Abgeschiedenheit erzielt. In der Abgeschiedenheit, von der ich spreche, Thera, muß alles Vergangene aufgegeben werden. Alles Zukünftige muß aufgegeben

werden. Verlangen und sinnliches Begehren in der Gegenwart müssen voll und ganz gemeistert werden. Das ist der Weg, Thera, wie das wahre Ideal von Abgeschiedenheit vollständig verwirklicht werden kann. ... Der Weise, der alles überwindet, der alles weiß, der an nichts hängt, der völlig frei ist, weil er alles aufgegeben hat, den es nach nichts mehr dürstet – er ist der wahre Weise. Dieser Mensch heißt bei mir »Einer, der allein lebt«.

Doch ich tue das nicht: »allein leben« oder »nach nichts mehr dürsten«. Ich hänge an Ayrev und meinen Erinnerungen an ihn und an dem, was sein Dasein für mein Leben bedeutet hat: Einen Sohn zu haben, wo ich doch nie gedacht hätte, daß ich jemals einen Sohn haben würde. Und ich hänge an meiner Frau, an den Rhythmen eines Lebens, das wir in den vergangenen zehn Jahren miteinander geteilt haben. Ich hänge an der selbstgewählten Einsamkeit des Romanschreibens ebenso wie an dem rauhen, in Täuschungen verstrickten »Geschäft« des Filmemachens. Ich hänge daran, das Weite suchen zu können, hänge an den Illusionen, die ich von »der Straße« habe, ebenso wie daran, das gelegentlich aufkommende Gefühl vollkommener Ausweglosigkeit nackt und ungeschminkt zu erleben. Ich hänge daran, den Dharma zu studieren und den Dharma außer acht lassen zu können. Und vor allem hänge ich an meinem Leid, das so unentwirrbar mit Freude und Kompensation verquickt ist.

Das heißt also, ich bin nur ein Tourist auf dieser breiten Straße, die der historische Buddha als den »Mittleren Weg« bezeichnet hat.

* * *

Weder allein noch beisammen, weder ganz in der Gegenwart noch in der Vergangenheit, lassen wir uns von Chatri, wie er genannt werden möchte, durch den Zoll lotsen. Chatri ist Thailands wichtigster Filmregisseur, mit über vierzig Filmen und verschiedenen thailändischen »Akademie-Auszeichnungen« auf der Habenseite. Dieser zierliche Mann mittleren Alters mit akkuratem Schnurrbart trägt ausgebleichte Jeans, sein weißes Hemd über der Hose und ungeschnürte Joggingschuhe, und auf den ersten Blick scheint er die ganze zerstreute Lässigkeit eines aristokratischen Weltklasse-Hippies an sich zu haben; doch schon bald fällt einem seine unersättliche Neugierde und Energie auf, während er mit fast schon grimmiger Zielstrebigkeit durch das ausufernde Chaos einer Stadt kurvt, die unmittelbar vor dem totalen Stillstand und Zusammenbruch zu stehen scheint.

Aus dem Flughafengebäude treten wir in die heiße, schwüle Nacht hinaus. Keinerlei östliches Flair, nur das unerquickliche Odeur westlicher Geschäftigkeit.

Dharma-Zitate kommen mir in den Sinn. Ich kann sie nicht stoppen. Für meine Subjektivität, die mich dann und wann völlig zu übermannen droht, sind sie wie Positionsleuchten.

> Am Himmel gibt es weder Ost noch West. Wir treffen diese Unterscheidungen im Geist, und anschließend glauben wir, sie seien wahr.
> Alles auf der Welt entstammt dem Geist, wie Objekte, die aus dem Ärmel eines Magiers zum Vorschein kommen.
>
> LANKĀVATĀRA-SŪTRA

Wir lassen uns in Chatris Wohnmobil nieder, das ihn nicht nur überallhin transportiert, sondern ihm auch als Büro, Eßzimmer, Vorführ- und Freizeitraum dient. Augenblicklich tauchen wir in die schmierige Abgasdunstglocke von Bangkok ein. Willkommen in der Zukunft, in der weltweiten Kultur von Nike-Sportschuhen, Big Macs und Stoßstange-an-Stoßstange-Verkehr, der nie endenden Stillstand, pausenlosen Lärm und Wolken von schwarzen Autoabgasen hervorbringt. Die Durchschnittsgeschwindigkeit des Straßenverkehrs liegt unterhalb von zehn Stundenkilometern, und mehr als 70 Prozent des gesamten Energieverbrauchs werden in Thailand für den Individualverkehr aufgewandt. Überall das durch Überbevölkerung hervorgerufene Chaos, häßliche Hochhäuser, Videoläden, Reklame. Jeder hat durch schnurlose Telefone, Fax- und Videogeräte Anschluß an diese »Alles läuft wie gewohnt«-Routine. Amoklauf des Konsumkults.

Nach endlos langer Fahrt schließlich doch die Ankunft am Erawan Hyatt, einem modernen Hotel in der Stadtmitte, ausgerichtet vor allem auf zahlungskräftige Geschäftsleute aus den wirtschaftlich aufstrebenden Pazifik-Anrainerstaaten und leicht zu beeindruckende westliche Touristen.

In unserem Zimmer, ganz in wohltuend unaufdringlichem Grau und Beige gehalten, mit Mobiliar ohne irgendeine kulturelle Identität, schlafen wir unruhig, und in unseren beklemmenden Träumen halten wir uns aneinander fest.

Mitten in der Nacht wache ich auf und weiß nicht, wo ich bin.

Plötzlich durchfährt es mich: Wo ist Ayrev? Noch in

der grenzenlosen Weite, oder hat er bereits eine neue Gestalt angenommen? Und wer bin ich überhaupt, und wohin werde ich gehen?

Mir fällt die erste Zeile aus einem von Ayrevs letzten Gedichten ein:

Ich habe mich verliebt in die Gemächlichkeit
der Zeit:
unbewegte Ruhe im Tanz mit den Wahrnehmungen.

Draußen braust immer noch der Straßenverkehr wie entferntes Rauschen der Meeresbrandung. Darauf bedacht, daß ich Lynn nicht aufwecke, streife ich mir Jeans und ein T-Shirt über und fahre zur Empfangshalle des Hotels hinunter. Ich gehe einmal um den Block und muß dabei an jenen Anruf mitten in der Nacht zurückdenken, in dem uns mitgeteilt wurde, daß Ayrev bei einem Autounfall ums Leben gekommen war. Er war die ganze Nacht gefahren, wollte seinen Vater in Prescott, Arizona, besuchen. Er schlief ein ... der Wagen kam von der Straße ab ...

Als ich von meinem Spaziergang zurückkomme, ist es fünf Uhr früh. Lynn liegt im Bett, blickt mit Tränen in den Augen zur Zimmerdecke, ein seltsames, halbherziges Lächeln auf den Lippen.

Wo ist meine Atmung? Wo beginnt sie? Wo endet sie?

»Suche nicht die Wahrheit«, sagte Shankara, der Mönch. »Unterlasse es nur, Meinungen zu hegen.«

In meiner Seele geht es zu wie in einem Taubenschlag. Ein wahrer Ansturm von Dharma-Zitaten, die aber im Moment für mich eher wie Trostpflästerchen wirken. Sie werden mir nicht weiterhelfen. Hilfreicher wäre es da schon, zu beobachten, was sich im Geist abspielt, statt immer noch etwas zu seiner zwanghaften Betriebsamkeit hinzuzufügen.

> Wenn ein Gedanke aufkommt, brauchen wir einfach nur sein Kommen zur Kenntnis zu nehmen, während wir uns zugleich vergegenwärtigen, daß er von nirgendwoher gekommen ist, sich nirgendwo aufhält und nirgendwohin geht, daß sein Kommen und Gehen keine Spur hinterläßt, geradeso wie vom Flug eines Vogels am Himmel keine Fährte zurückbleibt. Auf diese Weise können wir vermeiden, uns von Gedanken fesseln zu lassen, indem wir sie in die absolute Weite ziehen lassen. Wenn keine Gedanken aufkommen, sollten wir in der offenen und reinen Einfalt des natürlichen Zustands ruhen.
>
> DILGO KHYENTSE RINPOCHE

Wie verzweifelt wünschen wir uns doch, dieses eine Erinnerungsbild loslassen zu können, das sich dagegen sperrt, wegzugehen und sich in der absoluten Weite aufzulösen: Ayrevs Körper, wie er im Krankenhaus von Phoenix auf der Rollbahre daliegt, jenseits von unbewegter Ruhe, jenseits von Schweigen, jenseits von Hoffnung.

* * *

Nach dem Frühstück gehen wir durch den dicken grauen Smog ein paar Häuserblöcke weit die Ploenchit Road hinunter, vorbei an dem Hindu-Schrein an der Straßenecke, wo Pilger ihre Wünsche vorbringen können – kein Zweifel, ein Auto mit Klimaanlage soll es sein, oder vielleicht noch eine Eigentumswohnung hoch über dem ganzen Trubel. Bangkok mutet an wie eine Szene aus *Blade Runner,* ein alptraumhafter Vorgeschmack auf die Zukunft – keine Luft, kein Raum. Aber alles und jeder in geschäftiger Betriebsamkeit: Kaufen, Geld ausgeben, Leute anmachen, Leute übers Ohr hauen. In Schweiß gebadet, die Angst im Nacken, treten wir den Rückzug zum Hotel an.

In der *Nation,* Bangkoks Morgenzeitung, ein erster Eindruck vom modernen Thai-Buddhismus:

> Ein ehemaliger Mönch, der im Januar an einem Samut-Prakan-Tempel in einem Sarg beim Sex mit einer weiblichen Leiche erwischt worden war, wurde am Freitag vom Provinzgericht zu zwei Jahren und sechs Monaten Gefängnis und einer Geldstrafe von insgesamt 1000 Bt [baht] verurteilt.
>
> Doch die Richter, Boonsong Noisopon und Lachit Chai-anong, erließen ihm die Gefängnisstrafe zur Hälfte, nachdem Samai Parnthong, 38, der nach dem Zwischenfall die Mönchsrobe ablegen mußte, sich im Sinne der Anklage schuldig bekannt hatte.
>
> Samai, noch wegen weiterer Vergehen angeklagt, wurde wegen Besitzes von 32,58 Gramm Marihuana zu acht Monaten Gefängnis verurteilt, ferner zu zwei Jahren wegen Beschädigung fremden Eigentums, zu 500 Bt wegen anstößigen Verhaltens in der Öffentlichkeit und zu 5000 Bt wegen Erregung öffentlichen Ärgernisses in betrunkenem Zustand.
>
> Doch der Ex-Mönch konnte die Geldstrafe nicht

begleichen, woraufhin das Gericht anordnete, daß er statt dessen eine zusätzliche Gefängnisstrafe zum Verrechnungssatz von 12 Bt pro Tag abzusitzen habe, dem Standardsatz für alle Delinquenten.

Am Nachmittag trauen wir uns nach draußen, zum gemeinsamen Tee im Oriental Hotel mit Chatri und seiner attraktiven Frau Kamla, halb Inderin, halb Thai, die auch seine Produzentin ist, und ihrer 18jährigen Tochter »Spider«. Das Oriental Hotel ist neben dem Raffles in Singapur nach einhelliger Feststellung aller Reisebroschüren eines der letzten bedeutenden Kolonial-Hotels aus dem neunzehnten Jahrhundert. Was einst eine Zuflucht für solche literarischen Größen wie Joseph Conrad, James Michener, Somerset Maugham, Paul Bowles, Graham Greene und sogar Gore Vidal war, ist jetzt Anlaufstelle für reiche Amerikaner und Europäer. Man hat es umgestaltet und heutigen Standards angeglichen, so daß es nun nur ein weiteres der vielen eleganten internationalen Hotels ist. Oliver Stone, Brian DePalma, Roger Spottiswoode und andere Hollywood-Regisseure, die Thailand als Schauplatz für Vietnam-Filme wählen, gehen hier vor Anker, nebst Las Vegas- und Monaco-Dauergästen, die auf dem Weg sind nach Bali oder zu den Inseln vor der thailändischen Südküste. Es ist gut für einen komfortablen Zwischenaufenthalt, garantiert frei von allem »Orientalischen«. Die Veranda am Swimmingpool und die wohlausgestatteten Läden in der Empfangshalle, die kunsthandwerkliche Artikel aus Ost und West zu völlig überzogenen Preisen verkaufen, könnten sich ebensogut in Beverley Hills oder Palm Beach befinden. Nicht ins Bild paßt da allenfalls der schmierige Chao Phraya Fluß, der, fettig glänzend wie eine Kloake, langsam dahinkriecht.

Nach dem Tee springen wir in ein Touristenboot, wie ein Einbaum geformt und von einem Außenbordmotor angetrieben. Damit huschen wir flußabwärts, vorbei an Stoff- und Papierdrachen, die vor dem grauen Hintergrund von Fabriken und Lagerhäusern wie Sperma zappelnd in der Luft hängen. An einem Boots-Zug, einem langen, für den Transport von Sand und Kies durch Schlepptaue verbundenen Konvoi von zwölf Lastkähnen, die in acht Tagen die Fahrt in den Norden nach Chiang Mai und zurück machen, legen wir an. Chatri bringt uns an Bord eines der Kähne, über dessen Heck sich ein Schatten spendendes Blechdach spannt. Er hat mit diesen Bootsleuten schon mal Filmaufnahmen gemacht, und einige von ihnen erinnern sich an ihn. Ein weißbärtiger alter Mann, seinen gebrechlichen Körper in einen Sarong gehüllt, betrachtet uns mit stiller Würde. Ein schlankes Boot gleitet längsseits heran, und von dem Flußhändler kaufen wir Tee und Kekse.

Wir sitzen auf den abgewetzten Dielenbrettern nahe bei dem riesigen hölzernen Ruder und sind für einen kurzen Moment Augenzeugen einer Lebensweise, die so über Jahrtausende hinweg Bestand hatte. Ganze Familien, die durch eine gemeinsame Aufgabe zusammengeschmiedet sind, eine den Fluß befahrende Gemeinschaft, in der jeder seine Rolle kennt. Keine Elektrizität, kein Fernsehgerät. Keinerlei moderne Annehmlichkeiten, nicht einmal ein WC oder Wasseranschluß. Lediglich ein schlichtes buddhistisches Altärchen neben einem Foto des Königs. Ein immerzu von Bewegung und Wechsel bestimmtes Leben, allem Anschein nach himmelweit entfernt von moderner Entfremdung und den gewöhnlichen Horrorerscheinungen eines aus den Fugen geratenen Familienlebens – doch wer weiß, was hier wirklich vorgeht. Wahrscheinlich versuchen die jungen Leute mit aller Macht den Absprung zu schaffen aus diesem schlichten Leben mit einem so begrenzten Spektrum von Werten und Interessen. So manche von ihnen landen wahrscheinlich im städtischen Ghetto, bei riskanten Abenteuern, Drogen und Rock'n'Roll, oder aber, wer weiß, in einem Kloster, um eine geläuterte Lebensführung, Selbstlosigkeit und Weisheit zu entwickeln.

Im Anschluß an unsere Flußtour machen wir einen gemächlichen Spaziergang durch Khao San. Diese Hippie-Straße kam zu trauriger Berühmtheit durch Sobhraj, einen Banditen indisch-vietnamesischer Herkunft, der mindestens vierzehn Touristen getötet hat, viele davon in diesem Stadtviertel, nachdem er sie zuvor mit Sex, Charme und großspurig in Aussicht gestellten Geschäftsabschlüssen geködert hatte.

Zimmer für fünf Dollars die Nacht. Läden, die Batik-Stoffwaren, Bluejeans, T-Shirts und billigen Schmuck anbieten. Es könnte New Yorks Lower East Side oder San Franziskos Haight Ashbury sein. Die Straße ist eine Zeitreise in die 60er Jahre, eigentümlich sentimental und nostalgisch. Und doch ist da bei den ausländischen »Hippies« und Rucksacktouristen, die mit ihren Grateful Dead T-Shirts und zum Pferdeschwanz zusammengebundenen Haaren vorüberschlendern, kaum etwas Spontanes auszumachen. Die Szenerie erinnert mich an die Freak Street in Katmandu, bloß daß es hier sauberer und irgendwie braver zugeht.

Danach zurück zum Hotel mit seinem kleinen, aus Bäumen und Bambus hergerichteten Hain in der Eingangshalle, die sich offenbar stets in einer Art Belagerungszustand durch ganze Geschwader von Funktelefonate führenden japanischen Geschäftsleuten befindet.

Wieder in unserem Zimmer, unvermittelt ein Abgrund von Trauer und Desorientierung. Sind es die Auswirkungen des Jetlag, das Außer-Takt-Sein der inneren Uhr, oder ist es einfach mein alles umfassender Erschöpfungszustand, was mich in solch unberechenbar launenhafte Subjektivität abstürzen läßt? Oder das quälend intensive Empfinden, Ayrev so sehr zu vermissen, der diese Straßen mit so viel Vitalität und Enthusiasmus abgeklappert hätte? Zweifellos beides, außerdem die überwältigende Gewißheit, daß wir überall sein sollten, bloß nicht ausgerechnet zur heißesten Jahreszeit in Bangkok. Doch, wie es in den Sūtras heißt, ich bin überall und nirgends: »Was geboren ist, wird sterben, was angesammelt worden ist, wird zerstreut werden, was aufgehäuft worden ist, wird zur Neige gehen, und was hoch aufgestiegen ist, wird erniedrigt werden.«

Genauso plötzlich kommt es, ausgelöst durch einen alten Ohrwurm von Mary Tyler Moore auf dem englischsprachigen TV-Kanal, zu einem neuerlichen Stimmungsumschwung. Über den Zimmerservice bestellen wir amerikanische Sandwiches, und dann sitzen wir in Unterwäsche auf dem Bett, zufrieden mit der Behaglichkeit, die eine fernsehtypische amerikanische Situationskomödie mit ihren ausgebufften Ritualen, ihren ganz nach Bedarf vom Band geholten Lachsalven eines imaginären Publikums und die ganze wohlige Isolation unseres kleinen Inseldaseins bei uns auslösen; für den Augenblick offenbar genau die richtige Kombination, damit wir uns entspannen und zu unserem Nachtschlaf kommen können.

* * *

In der Morgenzeitung:

> Einst vor den Augen der Öffentlichkeit verborgen, ist angebliches Fehlverhalten seitens buddhistischer Mönche während der letzten paar Jahre mehr und mehr in die Schlagzeilen gerückt und hat so das Ansehen des verehrten Sangha befleckt: von weniger schwerwiegenden Beschuldigungen wie Wahrsagerei oder Tips für Glücksnummern bei der Lotterie bis zu solch ernsten Anschuldigungen wie persönlicher Bereicherung durch Veräußerung von Tempeleigentum oder sexuellem Umgang mit Verehrerinnen.
> In die jüngste Kontroverse ist Phra Thep Silvisut verwickelt, der Abt von Wat Arun Ratchawararam. Der Abt gestattete unlängst einer politisch rechtsorientierten Gruppierung die Nutzung der Tempelanlage und gab eine öffentliche Stellungnahme ab, in der er den starken Mann des Militärs, General Suchinda Krapayoon, als die »richtige Person« für das Amt des Premierministers pries.
> In den Augen verschiedener Mönche, die unter Mönchen als Intellektuelle gelten, liegt der Grund für den Niedergang des Sangha darin, daß er sich nicht von der Stelle bewegt habe, während andere

Teile der Gesellschaft einen rasanten Wandlungsprozess durchliefen.
Unter modernen Thais mag gelten, daß die Unterweisungen des Buddha für Menschen einer modernen Gesellschaft absurd klingen. Doch das ist soziales »Karma«, in dem sich die fundamentale Wahrheit der Unterweisungen des Buddha über das natürliche Gesetz von Ursache und Wirkung widerspiegelt:

Wie der Same, so die Frucht:
Tust du Gutes, bekommst du Gutes,
Tust du Schlechtes, bekommst du Schlechtes.

Mit dem Ziel vor Augen, den Status einer jungen Industrienation zu erreichen, hat die Thai-Gesellschaft soziale Wertvorstellungen des Westens übernommen. Das hat zur Folge, daß die Thai-Bevölkerung materiellen Fortschritt für die einzig erstrebenswerte Art von Fortschritt hält.
Dieses ökonomische Wunder in die Tat umzusetzen, ist zu einer nationalen Leidenschaft geworden. Auf diese Weise hat man ein kulturelles Zerrbild geschaffen, das auf grenzenloses Wohlstandswachstum ausgerichtet ist. Unsere gesamte Lebenseinstellung ist anders geworden, und zwar so, daß dies zur Ablehnung der Religion und zu moralischem Niedergang führt. Die Institution des Sangha, nunmehr mit Verachtung gestraft, steht von allen Bewegungen der äußeren Welt abgeschnitten da.

Chatri und Kamla unternehmen mit uns eine Tour nach Patpong, in Bangkoks weltberühmtes Sex-Viertel, das drei Straßen inmitten des Banken- und Geschäftsviertels umfaßt. Ein irrlichterndes Wechselspiel von Neon-Leuchtreklamen, Sex-Shops und Nachtclubs, wo für Geld jede nur erdenkliche sexuelle Variante zu haben ist. Die gesamte Straße dient einzig und allein käuflicher Triebbefriedigung. Volle Entspannung für Ihre Dollars versprechen solche Clubs wie Playmate, Pink Panther und Lucky Strike Disco ... Sex, Drogen und Rock'n' Roll. Jedwede erogene Zone steht auf Abruf zum Erkunden, Erforschen, Eindringen bereit. Selbst in diesem Zeitalter von AIDS sind die Straßen proppenvoll mit europäischen, amerikanischen und japanischen Geschäftsleuten. Die ganze Szenerie ist derart konsumorientiert und voller Geschäftigkeit, daß man sich ihr auf merkwürdige Weise entrückt fühlt, so als würde man einen riesigen Supermarkt durchstreifen und sich am Anblick der vollgestopften Regale ergötzen.

Der erste Club, den wir betreten, ist ein vierstöckiger Neubau à la Las Vegas. Er beherbergt über hundert Mädchen, von denen die meisten hinter einer großflächigen, etwa dreißig Meter hohen Schaufensterscheibe auf Stufen aufgereiht sitzen. Die Mädchen sind sehr jung und in ihren hochgeschlossenen seidenen Abendkleidern wunderschön. So wie sie miteinander plaudern, scheinen sie keinerlei Notiz von der Schar von Männern zu nehmen, die sie durch das Fenster hindurch taxieren. Die ganze Zurschaustellung hat etwas von einem exotischen Zoo.

Sex und Tod, Freude und Leid ... interessante und tiefgründige Polaritäten könnte man da erkunden, doch die gelangweilt mechanische Art, in der hier sexuelle

Reize der harten Sorte an den Mann gebracht werden, stellt allemal sicher, daß echte Befriedigung ausbleibt. Und so sehr wir beide uns vielleicht danach sehnen, in Sex und erotischen Bewegungsabläufen Vergessen zu finden, wir haben in letzter Zeit eine soviel innigere Intimität miteinander erlebt, daß bloße geschlechtliche Vereinigung uns beinahe lächerlich anmutet.

> Ein Mensch, der nicht darauf achtet, wohin er seine Füße setzt, wird von einer Schlange gebissen werden. Ebenso ergeben sich aus sinnlichen Begierden Gefahren für die Gegenwart und die Zukunft.
>
> ALAGADDŪPAMA-SUTTA

> Mönche, lernt Wache zu halten an den Pforten eurer Sinne. Wenn ihr materielle Formen erblickt, so laßt euch nicht durch den Gesamteindruck dessen, was ihr seht, aus der Fassung bringen; und laßt euch auch nicht von Einzelheiten aus der Fassung bringen. Wenn jemand lebt, ohne seinen Blick unter Kontrolle zu haben, so können verderbliche Gedanken, Gier, Entmutigung ... bei ihm Fuß fassen. Darum haltet euren Gesichtssinn unter Kontrolle; geht wachsam mit ihm um; ihr müßt ihn ganz und gar in eurer Gewalt haben ...
>
> GANAKAMOGGALLĀNA-SUTTA

In Thailand gibt es mehr als eine Viertelmillion Mönche und doppelt so viele Prostituierte. Chatri ist mit Recherchen zu einem Film über eine junge Prostituierte befaßt, deren Vater sie als Vierzehnjährige an ein Bordell verkaufte, für die bitterarmen Bergstämme offenbar ein ziemlich alltäglicher Handel. Die meisten Mädchen schicken Geld nach Hause, und mehr als Dreiviertel von ihnen werden, laut Chatri, in drei bis vier Jahren an AIDS gestorben sein. Und dennoch wird dieses Gewerbe weiterbetrieben.

Wir schauen uns eins der Zimmer eingehender an: Ein rundes Bett, obendrüber an der Decke ein runder Spiegel, in der Ecke ein Bidet – alles sauber und adrett hergerichtet.

Wir trinken Cokes in einem schummrigen Café, und eins der Mädchen führt uns vor, wie sie, ohne daß ihr Kunde etwas davon bemerkt, ein Kondom überstreift. In einer einzigen fließenden Bewegung entnimmt sie ihrer Geldbörse das Kondom, bläst es auf und plaziert es geschickt auf einem Salzstreuer. Sie lächelt wehmütig.

Manchmal lehnt ein Kunde die Verwendung des Kondoms ab, und dann macht sie es ihm entweder mit der Hand oder bläst ihm einen. Sie ist achtzehn, gelangweilt und sehr professionell. Viele Gedanken macht sie sich nicht. Es ist ein Lebensunterhalt. »Karma«, erklärt Chatri nüchtern. »Da ist nichts zu machen.« Und doch, wie viele Thais lebt er sein Leben ohne weiteres im Spannungsfeld vieler kultureller Widersprüche – mit seinen Filmen und in Zeitungs-Interviews betreibt er AIDS-Aufklärung, er verbringt Zeit mit AIDS-Patienten in Krankenhäusern, ja er führt sogar an seinem Schlüsselbund Kondome mit sich, einschließlich Gebrauchsanleitung und Information über diese Epidemie, die hier im Land bereits ihren Anspruch auf Millionen von Menschenleben geltend gemacht hat.

Mädchen mit ihren Kunden findet man im Café des

Bordells ebenso beim Essen wie, in dieser Nacht, einen Tisch voller japanischer Geschäftsleute, zwei äußerst aufgedreht wirkende Drogendealer, eine polnische Reisegruppe, die sich auf dem Großbildfernseher eine CNN-Nachrichtensendung ansieht, eine verlebte Transvestiten-Queen und eine Familie aus der Nachbarschaft, die hier den Geburtstag ihrer Tochter feiert.

Wir besuchen noch ein paar andere Clubs. Die schönsten Mädchen, die ich je zu Gesicht bekommen habe, tanzen in BHs aus französischer Spitze und Bikini-Höschen auf einer kreisrunden Empore mit gelangweilten, absolut selbstbezogenen Bewegungen, indem sie zur Musik von Diana Ross und den Supremes sanft ihre Hüften wiegen. Zur leichteren Identifizierung tragen sie Plastikschilder mit großen Zahlen um den Hals. Sie tragen auch Silber- und Goldkettchen mit Anhängern, auf die Buddha-Darstellungen eingraviert sind, die sie nur ausziehen, wenn sie gerade einen Kunden abfertigen.

Ein anderer Club bietet eine Live Sex Show, vorgeführt von einem gelangweilten jungen Paar, das in rascher Folge drei oder vier Beischlafstellungen einnimmt. Anschließend raucht das Mädchen eine Zigarette zwischen ihren Schamlippen. In einer anderen Nummer läßt ihr Partner, ein stattlicher Kerl mit schwarzer Lederkleidung, eine Peitsche auf ihren Hintern niederknallen. Sie sind ein verheiratetes Paar. Tagsüber ist der Mann Oberschullehrer, nachts Sexdarsteller. Innerhalb von einer Woche verdient er im Club mehr als mit einem ganzen Jahr Schulunterricht. Doch der Substanzverlust ist enorm. Achtmal täglich muß er »ihn hochkriegen«, und er weiß nicht, für wie lange er das durchhalten kann.

In einer dunklen Bar mit ziemlich niedriger Decke, die von einer Wand zur andern knallvoll ist mit Kundschaft, spricht Chatri mit dem Inhaber, einem rundlichen Mann im weißen Anzug, der eine riesige Zigarre pafft. Dieser winkt eins der Mädchen herbei, das auf den Bar-Tresen steigt, seinen Slip auszieht und einen dicken Buntstift in ihre Vagina steckt. Unterhalb plaziert sie ein weißes Blatt Papier und schreibt mit einigen Beckenbewegungen in großen roten Buchstaben »Rudy ich liebe dich«. Dann überreicht sie mir das Blatt. Als ich ihr etwas Geld geben will, lehnt sie ab. »Das ist ein Geschenk.«

Die letzte Bar, die wir aufsuchen, ist für Homosexuelle. Hübsche junge Kerle, wie man an ihren Augen sieht »zugeknallt« mit Drogen, tanzen miteinander, umgeben von Westlern mittleren Alters. Viele der Jungen haben AIDS. Der fette Deutsche, der neben mir sitzt, streichelt einem Jungen, der nicht älter als fünfzehn sein kann, bedächtig über den Oberschenkel. Der Deutsche sagt ihm, wie sehr er ihn liebe und wie toll er ihn finde. »Fünfhundert Baht«, sagt der Junge – fünfzig Dollar. »Dann liebe ich dich auch.«

Wir machen uns auf die Beine, weg von Patpong, einer Manifestation der Hölle, in der bei allen Geschäften, die abgewickelt werden, der Tod mit im Spiel sein kann und das Leben noch weniger zu sein scheint als nur vergänglich. Ian Buruma, ein englischer Schriftsteller, macht diese Beobachtung in seinem Buch *Der Staub Gottes,* das zu der Auswahl von Dharma- und Reisebüchern gehört, die ich in meinem Gepäck mitführe:

Es scheint da ein beinahe schon kränkender Widerspruch zu bestehen zwischen der allseits geläufigen Vorstellung vom feinsinnigen »Land des Lächelns«, von exquisiten Manieren und »einer Gastlichkeit ohnegleichen« und, demgegenüber, der Welt der Live Sex Shows. Doch dies als widersprüchlich anzusehen bedeutet möglicherweise, Thailand mißzuverstehen.

Die vulgäre Geschmacklosigkeit von Patpong und Thai-Traditionen, beides besteht nebeneinander her – verschiedenartige Welten kommen darin zum Ausdruck, ganz nach Opportunität unterschiedlich ausgestaltete Formen. Dasselbe Mädchen, das mit nichts als Cowboystiefeln bekleidet auf dem Tresen einer Bar zu Rock'n'Roll tanzt, allem Anschein nach Ausdruck verdorbener Unschuld, wird möglicherweise am nächsten Morgen einen Teil seiner Einkünfte einem buddhistischen Mönch spenden, um religiöses Verdienst zu erlangen. Der innerste Gehalt ihrer Kultur, ihr moralisches Universum außerhalb der Bar, wird nicht von ihren Cowboystiefeln symbolisiert, sondern von den Amuletten, die sie um den Hals trägt, geziert von Darstellungen der Thai-Könige, verehrungswürdiger Mönche oder gar des Buddha. Die augenscheinliche Leichtigkeit, mit der die Thais offenbar imstande sind, so grundverschiedene Gestalten anzunehmen, mit dem Strom in scheinbar so widersprüchliche Welten hinein- und wieder hinauszuschwimmen, ist kein Beleg für Mangel an kultureller Identität, ebensowenig wie die vulgäre Geschmacklosigkeit von Patpong für Verderbtheit der Thai ein Beleg ist

– vielmehr spiegelt dies bloß den heruntergekommenen Geschmack der Westler wider, auf den all das genau zugeschnitten ist. Unter der, wechselnden Einflüssen unterworfenen, Oberfläche bewahren die Thais die Kontrolle.

Das bezweifle ich, habe ich doch bloß ganz wenige Leute kennengelernt, bei denen (ich selbst inbegriffen) ich je das Gefühl hatte, sie hätten sich auch nur im entferntesten unter Kontrolle. Wie dem auch sei, meinem ersten Eindruck zufolge ist Thailand ein außer Kontrolle geratenes Land, eine Situation, die wir weltweit in zunehmendem Maße vorfinden: Gesellschaften voll von gewalttätiger Gier und von Anhaften; dunkle, nicht steuerbare Angst; umherstreunende Horden von Pretas, von Hungergeistern; zwanghaftes Wachstum einer immer schwerer hinreichend mit Nahrungsmitteln zu versorgenden Weltbevölkerung, die mehr und mehr von unstillbarem Haß und Habenwollen geleitet wird.

Wenn es denn irgendwelche Kontrolle gibt, dann ist sie kalt-, nicht warmblütig und kommt aus diesem luftlosen Kämmerlein noch hinter dem sprichwörtlichen »Hinterzimmer«, aus der Maschine hinter der Maschine, die clever aufgemachte Kampagnen in die Welt setzt, von gigantischen Weltkonzernen in Auftrag gegeben, um uns eine unaufhörliche Steigerung unserer Bereitschaft, zu produzieren und zu konsumieren, schmackhaft zu machen:

Der Buddha sprach:

Manichulaka, denjenigen, die Weideland benötigten, gab ich Anweisung, sich Weideland zu suchen, denjenigen, die Holz benötigten, sich Holz zu suchen, denjenigen, die eine Transportmöglichkeit benötigten, sich eine Transportmöglichkeit zu suchen, denjenigen, die einen Helfer benötigten, sich einen Helfer zu suchen; doch immer wies ich sie an, unter gar keinen Umständen nach Geld zu streben oder es auch nur anzunehmen.

MAHAVAGGA

In Bangkok hat sich der Kapitalismus nicht einfach nur etabliert, sondern er hat alles an sich gerissen. Man spürt die Anwesenheit riesiger Konzerne, das Vonstattengehen von Entscheidungen, die über individuelle Entscheidungsprozesse weit hinausreichen, monokulturell und global ausgerichtet, von Computer-Codes und Marktforschung gesteuert. Das Scheusal ist nicht nur in all seiner Widerwärtigkeit die Straße entlanggeschlurft, nein, es hat sich gleich zu einem monströsen Mahl niedergelassen. Wenn man als Augenzeuge einer derart monströsen »Raubtierfütterung« beiwohnt, erstarrt man unwillkürlich in Widerwillen und Panik, als wäre die ganze Idee des Selbst irgendwie von Ausrottung bedroht.

Doch bei Dōgen heißt es: »Was der Buddha unter dem Selbst versteht, ist haargenau das gesamte Universum. Und so gibt es, ob man dessen gewahr ist oder nicht, kein Universum, das nicht dieses Selbst ist. . . .«

Mit dem gängigen buddhistischen Slogan, unsere materielle Umgebung sei Illusion und nur die Innenwelt wirklich, kann ich diesmal nichts anfangen, weil hier etwas anderes vor sich zu gehen scheint – eine halluzinatorische Vision, die unmittelbar die Existenz der Welt an sich in Frage stellt, jenseits von innen und außen. Oder wird hier nur eine Unzulänglichkeit meines spirituellen Vorstellungsvermögens offenbar, bin ich vielleicht bloß nicht richtig fähig, mich auf die »Wahrheit der Vergänglichkeit« in ihrer ganzen Tiefgründigkeit einzulassen und voll in meiner eigenen Präsenz zu verweilen, statt in Raum und Zeit abzuschweifen?

Der Buddha lehrte, daß das menschliche Dasein ein Übergangsstadium ohne wirkliche Substanz ist, daß Anhaften und Ablehnen die Ursachen des Leidens sind und daß das Üben des Nicht-Anhaftens der Pfad zu menschlicher Freude und Freiheit ist. Doch vielleicht ist die Umweltsituation so extrem geworden, daß Anhaften und Ablehnung in einer bestimmten Art und Weise notwendig sind: Festhalten an der Erhaltung der Welt, Ablehnung ihren Zerstörern gegenüber, und eine gewisse Vernachlässigung von persönlicher Freiheit und Glückseligkeit.

* * *

Lynn bleibt im Hotelzimmer, während Chatri mich zu einer Geburtstagsparty zu Ehren von Prinzessin Sirinhorn in den Palast mitnimmt. Nach allgemeinem Dafürhalten ist die Prinzessin, König Bhumiphols zweite Tochter, wohl nach ihrem Vater die populärste Person in Thailand. Beide verwenden enorm viel Zeit darauf, das Königreich allüberall mit dem Hubschrauber zu bereisen, um Bewässerungsprojekte, Wasserkraftwerke, neue Dämme, medizinische Versorgungszentren und dergleichen einzuweihen und sich darüber hinaus um den Wiederaufbau einiger der mehr als 27 000 Tempel zu kümmern. Ihr Ansehen ist offenbar makellos, obwohl ihre Bemühungen einem beiläufigen Beobachter wenig zu fruchten scheinen.

Die Prinzessin ist Mitte Dreißig, eine Frau von eher kräftiger Konstitution und ziemlich schlichter Erscheinung, die jeden Anwesenden mit derselben ruhigen Würde begrüßt, und ihr Gebaren bringt eine gelassene innere Stärke, gepaart mit einem präzisen, weitgespannten Intellekt zum Ausdruck. Im Westen ausgebildet, beherrscht sie fünf Sprachen fließend und arbeitet ständig an vielerlei Projekten mit, von Umweltbelangen bis AIDS.

Die Party findet in einem großen Saal statt, der mit Dienerschaft, ihrer Verwandtschaft und verschiedenen hochrangigen Regierungsvertretern gefüllt ist. Alle gehen zur Begrüßung auf die Knie nieder und überreichen ihr wunderschön verpackte Geschenke, während sie sich ihren Weg durch den Raum bahnt. Als sie mich begrüßt, will ich sie nach Aung San Suu Kyi fragen, der burmesischen Dissidentin und Nobelpreisträgerin, die nun in Rangun unter Hausarrest steht und der sie, wie ich gehört habe, in Freundschaft verbunden ist. Doch ehe ich auch nur mehr als ein *Wai* (Nicken) zuwege bringen kann, ist sie schon wieder weitergegangen, um sich mit einer älteren Frau über ein Hospiz zu unterhalten.

Der ganze Eindruck, den diese »königlichen Rituale« vermitteln, hat etwas total Erstickendes und Anachronistisches, besonders da gerade vor einem Jahr eine halbe Million Thais am Sanam-Luang-Platz auf die Barrikaden gegangen sind, um ihr Recht auf eine verfassungsgemäß handelnde Regierung einzufordern. Die bestbestückte

Armee der Welt hatte daraufhin das Feuer eröffnet, Tausende getötet und für die Verhängung des Ausnahmezustands in Bangkok gesorgt.

* * *

Bin wieder im Hotel. Lynn hat sich inzwischen über die derzeitige Stellung der Frauen in der buddhistischen Welt Gedanken gemacht. Ganz offensichtlich unterstützt die Gesellschaft der Thai Männer, die ihr Leben der religiösen Kontemplation widmen. Männer erhalten Unterkunft und Almosen, doch entsprechende Zuwendungen für Frauen gibt es nicht, sie bleiben fast völlig außen vor. Nonnen werden als Tempel-Gehilfinnen angesehen oder, schlimmer noch, als Bettlerinnen. Sie zeigt mir einen Artikel in der *Bangkok Post* über das Suan-Wanasanti-Frauenkloster, wo sich, drei Stunden von Bangkok entfernt, eine Gruppe von achtzehn Nonnen *(bhikkunī)* zu einem Leben in religiöser Gemeinschaft zusammengefunden hat. Sie bauen eigene Nahrungsmittel an, die sie zum Teil verkaufen, um von dem Erlös ihre allgemeinen Lebenshaltungskosten zu bestreiten. Die zweiundsiebzig Jahre alte Mutter Oberin Khun Mae Yai, wörtlich »große Mutter«, hat auf ererbtem Land eine autarke Gemeinschaft entstehen lassen, um finanziell mittellosen Frauen zu helfen, einen religiösen Lebenswandel führen zu können. In dem Artikel bemerkt sie über den gegenwärtigen Status von Nonnen:

> Die Lebenszeit von Frauen wird meistens vergeudet, da Frauen Sklaven ihrer Ehemänner und Kinder sind. Für sich, zur Entwicklung ihres eigenen spirituellen Potentials, haben sie keine Zeit. Frauen

mit religiösem Lebenswandel erhalten nicht dieselbe Art von sozialer Unterstützung wie Männer. Frauen müssen ihre eigenen finanziellen Mittel haben, um als Nonnen leben zu können, da die Öffentlichkeit sich um uns nicht verdient macht.
Ich habe viele Frauen weinen sehen, weil sie die Ordensgemeinschaft nicht verlassen wollten, es jedoch mußten, da ihre Familien ihnen die Unterstützung versagten. Niemand kümmert sich um Nonnen, und so müssen wir das selber tun.

Die in Suan Wanasanti gebräuchliche Meditationstechnik besteht in Kontemplation über den Verfall des eigenen Körpers, bis man einsieht, daß es keinen Sinn macht, an ihm festzuhalten, und erkennt, daß man die Aufgabe hat, anderen von Nutzen zu sein.

»Die Tatsache, daß die Bhikkunī sich solche Mühe geben, spiegelt wider, daß sie trotz allem zu ihren Glaubensgrundsätzen stehen und sich ihr Selbstwertgefühl bewahren konnten«, fährt Khun Mae Yai fort. »Wir sind alle genau gleich, wenn es darum geht, die Ordensregeln zu befolgen, und wir entwickeln spirituelle Stärke. Was uns unterscheidet, ist Karma, nicht Geschlecht oder sozialer Rang.«

Sie vertritt den Standpunkt, daß Vertrauen und Achtung weder verordnet werden können noch sich automatisch mit dem formellen Bestehen eines Nonnenordens einstellen.

Beides mußt du dir durch strikte Disziplin erwerben, und die ist für Bhikkunī viel strikter als für die Mönche. Und ich habe sehr starke Zweifel, daß in

diesem Zeitalter voller Versuchungen und Begierden viele Frauen die monastischen Anforderungen in angemessener Weise erfüllen können.
Nach Lage der Dinge wollen weniger Frauen Nonnen werden als früher. Wir hatten einmal beinahe vierzig Leute hier. Nun haben wir nur noch achtzehn.
Bhikkunī zu sein bedeutet ferner, an so viele Regeln gebunden zu sein – was bleibt dir da noch? Es bedeutet, unter der monastischen Ordnung zu leben. Es bedeutet, an die Ausführung zeremonieller Verrichtungen gebunden zu sein.
Warum sollte jemand dafür seine Unabhängigkeit preisgeben?

Nichts Neues von dem englisch-italienischen Filmproduzenten. Sieht ganz danach aus, als habe er uns im Stich gelassen – wie wir, auf unsere Weise, ihn im Stich gelassen haben. Wir stecken immer noch in Bangkok, warten darauf, daß Chatri uns einen Kleinbus für die Fahrt nach Sukhothai zur Verfügung stellt. Wir fühlen uns hilflos und frustriert, brennen darauf, uns endlich auf den Weg zu machen, der Überflutung mit all diesen Eindrücken zu entrinnen. Uns ist, als wären wir in einem gewaltigen Wartesaal eingesperrt und unsere Schuhe am Boden festgenagelt.

Heute abend sehe ich die Prinzessin wieder, bei der alljährlichen Filmpreis-Verleihung, Thailands Version des Oskar. Eine Stunde verbringen wir damit, im Foyer des Festsaals herumzustehen und auf die Ankunft der Prinzessin zu warten, ein Ereignis, das sich als bester Teil der Veranstaltung erweist, sicherlich als der erhebendste, da die Prinzessin sich wirklich allseitiger Beliebtheit zu erfreuen scheint. Schließlich kommt sie mit ihrer Gefolgschaft, und alle fallen auf die Knie nieder, als sie die Stufen emporschreitet.

Chatri ist in diesem Jahr für keine Auszeichnung nominiert, und so lassen wir die Preisverleihung ohne besondere Anteilnahme über uns ergehen. Die Prinzessin sitzt ganz zuvorderst vor dem Publikum, den Blick auf die Bühne gerichtet. Derweil werden die Gewinner der Filmpreise von einem ziemlich förmlichen Conférencier vorgestellt, der seinen Redetext vom Blatt abliest, und sie knien dann auf dem Boden nieder, um sich von der Prinzessin ihre Auszeichnung aushändigen zu lassen. Anschließend gibt es auf der Bühne eine Aufführung mit Tanz und Gesang. Der ganze Abend hat das Flair einer Oberschulabschlußfeier, wohlerprobt und betont korrekt, möglicherweise durch die Präsenz der Prinzessin bedingt, die normalerweise bei solchen Gelegenheiten nicht zugegen ist.

Während der gesamten Veranstaltung denke ich an Bertoluccis Film *Little Buddha* und die Teile des Drehbuchs, die ich für ihn schrieb, ein Prozeß, der nahezu ein Jahr in Anspruch nahm und mit einem schlimmen Fall von völliger Verausgabung, gefolgt von Selbstvorwürfen, endete. Wie riesig und überdimensioniert war sein Budget doch im Vergleich zu Thai-Filmen, oder eigentlich im Vergleich zu den meisten Dritte-Welt-Filmen, die offenbar allesamt mit Budgets unterhalb von 500 000 Dollars fertiggestellt werden, fünfzigmal weniger, als ein durchschnittlicher Hollywood-Film kostet. Nicht etwa, daß sich die Thais mit Bedacht eine Philosophie des »weniger ist mehr« zu eigen machten oder mehr auf Substanz als auf Effekthascherei setzten. Wenn sie nur könnten, würden sie, wie jeder andere auch, Filme absolut ohne irgendeinen Gehalt oder irgendwelche künstlerischen Ambitionen mit soviel Geld wie möglich drehen. Während meiner Arbeit am Bertolucci-Drehbuch fühlte ich mich den Wechselbädern von Hoffnung und Furcht ausgesetzt. Geheiligtes und Profanes. Erfolg und Scheitern. Obgleich ich mich, mit Unterbrechungen, seit über fünfundzwanzig Jahren mit dem Dharma beschäftigt hatte, in Indien und Nepal wie in den Vereinigten Staaten, wußte ich gerade genug über Buddhismus, um einzusehen, daß ich kaum etwas wußte, insbesondere wenn es darum ging, für ein Massenpublikum darüber zu schreiben.

Eines Abends in New York, noch in einem frühen Stadium meiner Drehbucharbeit, gingen Bertolucci und ich zu einem Treffen mit einem tibetischen Lama, Gelek Rinpoche, um endlich eine Liste voller Fragen über die Bedeutung von Reinkarnation und Karma klären zu können, mit denen wir uns lange herumgeschlagen hatten. Gelek Rinpoche lebt seit mehr als einem Jahrzehnt in den Staaten und spricht wirklich fließend Englisch. Bevor er unsere Fragen beantwortete, schaute er mich an und sagte unvermittelt: »Als allererstes sollten Sie Ihre buddhistische Kleidung ablegen.« Dazu ist es nie wirklich gekommen. Meine buddhistische Kleidung blieb mir förmlich am Leib kleben, so daß ich sie fast selbst schon als beengend empfand. Nie konnte ich meine Unsicherheit ablegen. Zu sehr wollte ich um jeden Preis gefallen, und ich hatte viel zuviel Angst zu versagen, um dem Ratschlag meines Lehrers, Seiner Heiligkeit Dudjom Rinpoche, zu folgen, der in einer seiner

Meditationsanleitungen schrieb: »Begib dich ganz entspannt hinein in den freien, natürlichen Fluß ungekünstelten Gewahrseins.« Ich war nicht Buddhist genug, um das Buddhistische ablegen zu können. Die ganze Sichtweise des Films wirkte zu fromm, zu sehr auf politische Korrektheit bedacht. Ich hätte wahrscheinlich mehr zu seinem Gelingen beitragen können, wenn ich unbedarfter, ja unwissender gewesen wäre – bestimmt auch, wenn ich weniger überspannt und nicht andauernd so ungeschickt darum bemüht gewesen wäre, buddhistische Schwergewichte zu stemmen wie etwa die Aussage von Nāgārjuna, dem buddhistischen Philosophen aus dem dritten Jahrhundert, daß die Dinge der mit unseren Sinnen wahrnehmbaren Welt keine essentielle Wirklichkeit haben, die wir mit den Sinnen wahrnehmen könnten. Allzusehr war mir bewußt, daß selbst ein Film über das Leben des Buddha zu einer weiteren hingeschluderten Behelfslösung, zu einer weiteren leichtverdaulichen Zerstreuung für ein passives Publikum, zu einer weiteren Vorspeise für Hungergeister werden kann – also letzten Endes zu etwas, das nicht mehr Substanz hat als die gestrige Tageszeitungs-Illustrierten-Film-Fernseh-Unterhaltung.

* * *

Zurück in unserem Zimmer kurvt mein Geist noch immer durch das Spiegelkabinett der Vergangenheit.

Anfangs, in den späten Sechzigern und den frühen Siebzigern, war das Schreiben von Drehbüchern für mich eine willkommene Verschnaufpause von der innerlichen und, in jenen Tagen, total selbstbezogenen Reise des Durchlebens eines meiner Romane. Gelegentlich ein Drehbuch zu schreiben, schien einen Lebensunterhalt zu bieten, der mich davor bewahren würde, eines Tages Belletristik lehren zu müssen, ein Geschick, das um jeden Preis zu vermeiden ich entschlossen war, zumal ich selbst, bis zum heutigen Tag, noch nicht herausgefunden habe, was »Fiction« eigentlich ist. Ja, ich will es gar nicht so genau wissen. Ich ziehe es vor, den Kitzel der Gratwanderung des Schreibens für mich zu behalten. Und ich hatte ein derart vertracktes und obsessives Verhältnis zur Sprache, daß mir zur Abwechslung und als Gegengift dazu der erste Grundsatz eines jeden Drehbuchautors willkommen war, der da ist, die Sprache dem Bild zu unterwerfen. Die anderen, mehr die persönliche Sphäre betreffenden Unterwerfungen sollten erst später kommen und weit größeren Schaden anrichten, wie Raubbau an der Vorstellungskraft zu betreiben und die Illusionen eines in Wirklichkeit gar nicht existierenden Ich zu hegen und auszuschlachten – das Gegenteil von dem, was uns der große Dzogchen-Meister des neunzehnten Jahrhunderts, Patrul Rinpoche, empfiehlt: das Durchtrennen »des Bandes von Hoffnung und Erwartung, da es niemandem von Nutzen sein kann«.

> Verlierst du deine eigene friedvolle Mitte und gibst dich geschlagen angesichts der Überzeugungskraft anderer Menschen, deiner intellektuellen Erkenntnisse und deiner emotionalen, auf äußere Umstände ansprechenden Empfindungen, dann wird dein Geist keine Unabhängigkeit, keine Freiheit, keinen Frieden haben, und du wirst anderen gegenüber wie ein Sklave funktionieren.
>
> TULKU THUNDOP

Der Siegreiche [der Buddha] sagte: »Alle Dinge, die wir mit den Sinnen wahrnehmen, sind wie die Vorspiegelungen eines Magiers.« Doch welche größere Magie gibt es als das gegenwärtige Zeitalter? Magier, die uns auf Abwege locken, sind am Werk; sei auf der Hut vor den betörenden, faszinierenden Trugbildern des Kali-Yūga [die Sanskrit-Bezeichnung für das degenerierte Zeitalter, in dem wir leben, auch als das »Ende vom Ende« bekannt].

Wir besuchen die „Asia"-Buchhandlung. Ganz hinten in einem Regal stehen ein paar Bücher über und von Thomas Merton, dem Trappistenmönch von der Abtei Gethsemani. Ich überfliege die Seiten einer Biographie über ihn, um Aufschluß über seinen Unfalltod im Zimmer eines Hotels in Bangkok zu erhalten, wo er 1968 durch einen Stromschlag, verursacht von einem Ventilator, ums Leben kam. Bewegt von seinem Tod und seiner Offenheit für den Buddhismus, notiere ich mir ein Zitat von Thich Nhat Hanh, der sich mit Merton freundschaftlich verbunden fühlte.

Merton hatte einen guten Zugang zum Buddhismus. Einer der schwierigsten Punkte in Hinsicht auf die Verständigung zwischen dem Osten und dem Westen ist der, daß man im Westen dazu neigt, auf dualistische Art zu denken. Aber im Osten gilt: Wenn Buddha existiert, dann sollte auch Māra (der »Versucher«) existieren. Merton konnte erkennen, daß die beiden zwei Seiten derselben Wirklichkeit sind. Und daß wir keinen Kampf zwischen ihnen entfachen dürfen; ganz un-

angestrengt sollten wir zu Frieden und zum Einklang mit uns selber kommen. …
Ich nehme keinerlei Unterscheidung vor zwischen Sein und Tun. Manchmal tun wir sehr viel, doch nicht dem Frieden zuliebe. Manchmal tun wir gar nichts, doch im Sinne des Friedens. Statt zu sagen, »Sitz nicht nur da rum, tu was«, könnten wir auch sagen: »Tu nicht einfach irgendwas, setz dich erst einmal hin.«

Und dies aus Mertons Tagebuch, geschrieben etwa sechs Monate vor seiner Asienreise:

> Mir wird klar, daß es eine Vergangenheit gibt, mit der ich brechen muß – eine Anhäufung von Trägheit, Vergeudung, Verfehlung, Torheit, Blödsinn, Mist. Großer Klärungsbedarf, Bedarf an Geistesgegenwart, oder eher, an Nicht-Geist. Rückkehr zu unverstellter Praxis, richtigem Bemühen. Bedarf, dem Großen Zweifel Nahrung zu geben. Bedarf an Geistigkeit. Festhalten am klaren Licht.

Hätte der Osten ihm wohl schließlich das gegeben, wonach er auf der Suche war? Hätte der »Große Zweifel« ihn weiter geöffnet, ihn über seine eigenen Beschreibungen hinausgelangen lassen, um sich der Leerheit innerhalb all seiner zwanghaften Formgebundenheit zu stellen?

Und was haben mir meine eigenen Reisen in den Osten während der vergangenen fünfundzwanzig Jahre gegeben, abgesehen von exotischem Abenteuer und der Möglichkeit, eine Verschnaufpause von der amerikanischen Kultur einzulegen? Spirituellen Überschwang gewiß, gefolgt von einer langen, allmählichen Bewegung hin zu einer innerlichen, wenn auch oft unbeholfenen Lebensauffassung, die sich nicht um Scheitern und Erfolg, Ruhm oder Materialismus dreht. Im Verlauf dieser Reisen gab es oft Momente von urkomischer Geistesabwesenheit, wie etwa damals, als ich im Anschluß an eine Meditationsklausur in Nepal nach Los Angeles zurückflog – zu einem Treffen mit einem Studioboß, bei dem es um die Regiearbeit bei einem Western ging, für den ich das Drehbuch geschrieben hatte. Als ich auf der kolossalen, üppig gepolsterten Ledercouch bei ihm im Büro saß, war ich buchstäblich unfähig zu sprechen oder mich auch nur zu besinnen, wozu ich eigentlich genau hergekommen war. Das ganze Projekt wurde kurzerhand abgeblasen, und ich flog am nächsten Tag nach Katmandu zurück, nur um dort derart desorientiert zu sein, daß ich zehn Tage lang keinen Schritt aus meinem Hotelzimmer hinausging. Man vergleiche dies mit der totalen Leichtigkeit tibetischer Lamas, die aus der unzugänglichen Bergwelt Nordnepals oder sogar aus den rückständigsten Teilen Tibets geradewegs nach New York fliegen und mit solch unerschütterlicher Leichtigkeit im Strom der Erscheinungswelt schwimmen, daß sie stets völlig auf der Höhe des Geschehens bleiben, und gleich am nächsten Tag beginnen, den Dharma zu lehren – kein Kommen, kein Gehen.

* * *

Doch wir sind angekommen und wollen weitergehen, obgleich wir kaum noch eine Vorstellung davon haben, welcher Tag heute ist und was genau wir eigentlich zu tun hätten. Wir fühlen uns benommen, sind ungeduldig und fühlen uns schon überfordert durch diese Überfülle von Eindrücken. Unser Zimmer spiegelt zusehends unseren Geisteszustand wider: halbleere Tabletts, stapelweise Kekse, alte Zeitungen und ausgediente Reisebücher. Dudjom Rinpoche hat einmal einer Gruppe von Westlern Geistesgegenwart als den Zustand beschrieben, in dem du dich befindest, wenn du morgens in einem dir fremden Motel einer dir fremden Stadt aufwachst und für einen Moment nicht weißt, wo du bist; dein Geist ist leer von Informationen und Geplappere, und du sitzt einfach da, wach, entspannt und voller Staunen. »Welche Wahrnehmungen auch auftauchen«, sagte er, »ihr solltet wie ein Kind sein, das in einen wunderschön geschmückten Tempel hineingeht; es schaut, doch nach etwas zu greifen kommt ihm überhaupt nicht in den Sinn.« In diesem Zustand kann Wahrnehmung »sich auflösen in der Selbstvergessenheit eines Narren«.

Das ist nicht der Geisteszustand, in dem wir uns befinden, als wir mit Sterling Siliphant, Michael Wadleigh, Chris Moore, Chatri und Kamla in dem opulenten Hotelrestaurant zu Mittag essen, wo es ein Buffet mit Thai-Gerichten und westlichen Speisen gibt. Die hiesigen »Exilanten«, ich inbegriffen, landen im Handumdrehen bei zynischem Filmklatsch und grandiosen, ziemlich abgehobenen Plänen. Der frühere Hollywood-Autor Sterling Siliphant, den meisten wahrscheinlich durch *In der Hitze der Nacht* bekannt, wofür er einen Oskar erhielt, ist ein stämmiger Kerl über Siebzig, der Hollywood vor sieben oder acht Jahren ein für allemal den Rücken kehrte. Er konnte »die ganze Scheiße« nicht weiter mitmachen; auch liebt er Bangkok, vor allem die Frauen, von denen er mehrere zu haben scheint, »je jünger, desto besser«. Michael Wadleigh, Regisseur unter anderem des *Woodstock*-Films und ein altgedienter »Morgenlandfahrer«, hat ausgedehnte Reisen durch Südostasien unternommen und will jetzt unbedingt einen Dokumentarfilm über Aung San Suu Kyi drehen. Chris Moore, ein in Bangkok lebender amerikanischer Schriftsteller, hat mehrere Romane über Leute geschrieben, die in Thailand im »Exil« leben.

Es bietet Entspannung und erzeugt zugleich Unruhe, dieses Essen mit den Auswanderern. Unter uns besteht jede Menge Übereinstimmung über all den Horror, den wir mit L.A. und der Filmbranche verbinden, und so schmieden wir einen verrückten, hoffnungslos idealistischen Plan, der darin besteht, mit gegenseitiger Unterstützung drei oder vier Filme so zu machen, daß jeder von uns Anteil an dem Gesamtpaket hat. Wenn Chatri einen Film für 400 000 Dollar machen kann, warum können wir dann nicht drei Filme für fünf Millionen machen? Wir werden eine Art Filmproduktions-Genossenschaft gründen. Chatri wird bei einem Streifen Regie führen, ich werde bei einem Film über den Raub sakraler Kunst Regie oder Drehbuch übernehmen, möglicherweise auf der Grundlage von André Malraux' erstem, in Kambodscha spielenden Roman *Der Königsweg*. Sterling wird Chris Moores Buch »Das tödliche Lächeln« zum Drehbuch umarbeiten, und Wadleigh wird etwas über die Studentenunruhen in Bangkok oder über Aung San Suu Kyi schreiben. Von nun an werden wir frei, unabhängig, reich und couragiert sein – und so beschäftigt, daß wir uns um gar nichts anderes mehr zu kümmern brauchen, uns selbst inbegriffen.

Inmitten der Mahlzeit, betrunken und desorientiert, brauche ich eine Pause, manövriere mich zur Herrentoilette, um mir das Gesicht zu waschen, und dann sitze ich, den Kopf in den Händen, auf dem Klo. Ein Buch fällt mir aus der Jackentasche: Joseph Goldsteins Anleitung zu buddhistischer Meditation, *Vipassanā-Meditation – Die Entfaltung der Bewußtseinsklarheit.* Ich habe es als einfache Anleitung zur Theravāda-Praxis gelesen, jener Form des Buddhismus, die als Hīnayāna bekannt und in ganz Südostasien verbreitet ist. Und jetzt liegen die Instruktionen zum Verzehr von Nahrung vor mir:

> Den Mund öffnen. Die Nahrung aufnehmen. Den Mund schließen. Erst die Absicht, den Arm wieder sinken zu lassen, und dann die Bewegung. Eins nach dem andern. Die Nahrung im Mund spüren, ihre Beschaffenheit. Kauen. Erfahre die Bewegung. Wenn du zu kauen anfängst, werden sich Geschmacksempfindungen einstellen. Gib acht auf dein Geschmacksempfinden. Während du weiterkaust, verschwindet der Geschmack. Runterschlukken. Sei dir jedes einzelnen Schrittes und des gesamten Ablaufs bewußt. Niemand steckt dahinter, niemand ist da, der ißt. Da ist lediglich die Abfolge von Absichten, Bewegungen, Geschmacks- und Berührungsempfindungen. Das ist es, was wir sind – eine Abfolge von Geschehnissen, Prozessen, und indem wir dieser Abfolge gegenüber ganz achtsam sind, machen wir uns frei vom Konzept eines Ich.

Ich gehe zurück, um den Nachtisch zu mir zu nehmen und mit den Exilanten weiterzutrinken, und wir alle, jeder auf seine Art, rühren die Werbetrommel für das »Konzept des Ich« und lassen es hochleben. Nach dem Essen sucht Lynn ein Fotogeschäft auf, ich strecke in unserem Zimmer nur noch alle viere von mir und schlafe für den Rest des Tages.

> Verlieren wir uns in Erinnerungen an Situationen, wo Verlangen, Haß, Stolz und Eifersucht im Spiel waren, dann ketten wir uns nur noch um so zuverlässiger an haltlose Täuschung. Gerade dadurch, daß wir nicht von derartigen Situationen lassen können, entwickelt sich Karma und erwächst Leid.
>
> DILGO KHYENTSE RINPOCHE

Oder, wie einst Vergil sagte: »In die Hölle hinein kommt man leicht, heraus nur schwer.«

* * *

Als ich mitten in der Nacht verkatert aufwache und neben mir Lynn leise weint, denke ich an den Schmerz von Kisha Gautami, die ihren Sohn verlor. Den Sūtras zufolge ging sie von Haus zu Haus, um nach Medizin zu fragen, die ihren Sohn wieder lebendig machen könnte. Doch jeder lachte sie aus, bis sie ihre Bitte dem Buddha vortrug. Er hörte sich ihre Bitte an und gab ihr dann folgenden Ratschlag:

»Du tatest gut daran, Kisha Gautami«, sagte er, »wegen Medizin hierherzukommen. Höre mir ganz genau zu. Gehe zurück in die Stadt, fange ganz am Anfang an, und bringe mir eine Handvoll Senfsamen aus dem ersten Haus, wo noch nie jemand gestorben ist.«

»Das werde ich tun, heiliger Mann«, sagte sie voller Dankbarkeit.

Freudig betrat sie das erste Haus und sagte: »Der heilige Mann wünscht, daß ich ihm eine Handvoll Senfsamen als Medizin für meinen Sohn bringe. Könnt Ihr mir Senfsamen geben?«

Sie brachten ein Senfsamenkorn und gaben es ihr.

»Ist in diesem Haus schon einmal jemand gestorben?« fragte sie.

»Das Sterben nahm gar kein Ende«, gab man ihr zur Antwort. »So viele Todesfälle ...«

»Nehmt den Samen zurück«, sagte Kisha Gautami da. »Der heilige Mann gebot mir, keinen Samen aus einem Haus zu bringen, in dem jemand zu Tode gekommen ist.«

»Arme Gautami«, erwiderte man ihr. »Tote gibt es allüberall.«

Sie ging zu einem weiteren Haus, einem dritten, einem vierten. Es muß *eins* dasein, in dem es noch keinen Todesfall gab! Der Buddha wäre nicht so grausam zu ihr gewesen. Er hätte Erbarmen mit ihr gehabt.

Sie konnte nicht ein einziges Haus finden, aus dem sie Senfsamen hätte bringen können.

Sie schaffte ihren Sohn zur Verbrennungsstätte und hielt ihn vor sich in den Armen.

»O mein kleiner Sohn, mein lieber Sohn«, sprach sie. »Als du gestorben bist, glaubte ich, nur du stirbst. Doch der Tod ist überall. Er ist universales Gesetz – alle müssen sterben. Das Gesetz der Dorfgemeinschaft, das Gesetz des Markthandels, das Gesetz der Hausgemeinschaft, sie sind vergänglich; allein dies Gesetz gilt ewig.« Sie legte ihr Kind auf die Verbrennungsstätte nieder und ging zum Buddha zurück.

»Kisha Gautami«, fragte er, »hast du den Senfsamen bekommen?«

»Heiliger Mann«, antwortete sie, »laß es gut sein mit dem Senfsamen! Gib mir bloß Zuflucht.«

* * *

Wir sind zum Abendessen ins Haus von Orin eingeladen, einem alten Dharma-Gammler aus Australien, der jetzt an der Sukumvit Road in Bangkok sein Geld verdient. Ich lernte ihn in den 70er Jahren in Katmandu kennen, wo er an der Peripherie der tibetischen Szene herumhing. Ich traf ihn gelegentlich an dem monumentalen tibetischen Stūpa in Bodhnath oder bei Unterweisungen durch berühmte Lamas, oder wenn er auf den Tempelstufen von Pashupatinath herumlungerte und mit den zottelhaarigen shivaistischen Yogis vom Ufer des Bagmati-Flusses Haschisch rauchte. Auch trat er gelegentlich als Poet und Kunstschmuggler in Erscheinung, und nachdem er an der indischen Grenze mit Opium geschnappt worden war, ging er in einem Kloster nördlich von Darjeeling für drei Jahre in Klausur. Nun ist er ein renommierter Asiatica-Kunsthändler, der zum Verkauf seiner Waren – größtenteils gestohlene buddhistische Plastiken und Malereien – nach London, New York, Paris oder Hongkong reist.

Orin, mittlerweile übergewichtig und aufgequollen, mit mächtigen Tränensäcken unter seinen stark hervortretenden, ruhelosen Augen, lebt in einem modernen Doppelappartement ein beschauliches, festgefahrenes Leben mit seiner jungen laotischen Frau, die im Verlauf des gesamten Abendessens kein einziges Wort spricht. Während die Gäste ihres Gemahls sich an dem üppigen südindischen Mahl gütlich tun, für dessen Zubereitung sie einen ganzen Tag Arbeit aufgewandt hat, verbeugt sie sich, bedient und lächelt. Um uns herum, die Konturen von einer weichen Kerzenlicht-Aura sanft unterstrichen, eine Fülle von tibetischen Teppichen, erotischer Malerei aus Indien und Plastiken buddhistischer Gottheiten, hauptsächlich aus Thailand und Kambodscha. Noch verschiedene andere Gäste sind da: Eine frühere buddhistische Nonne aus New Jersey, jetzt Übersetzerin; ein einheimischer Filmproduzent und ein von ausgiebigem Drogenkonsum gezeichneter Teppichhändler aus Katmandu, der ursprünglich aus Santa Cruz stammt. Das Tischgespräch ist vorwiegend Klatsch über das Kommen und Gehen verschiedener Lamas, über Westler, die schon vor Jahren bei der Übung des Dharma auf der Strecke geblieben sind, über Gerüchte bezüglich der neuen Inkarnation des Karmapa (das spirituelle Oberhaupt der Karma-Kagyü-Linie im tibetischen Buddhismus) und über den durch die verheerenden Auswirkungen von Wachstum, Bestechlichkeit der Behörden und Materialismus bedingten Kollaps von Katmandu und Bangkok. Die derzeitige Überlebensstrategie für eingefleischte Südostasienfreunde besteht darin, sich ihr Fleckchen Land in der verträumten agrarischen Provinz abzustecken, in Laos oder Vietnam, überall, bloß nicht in den Alptraum-Metropolen Indiens und Südostasiens.

Nach dem Abendessen bittet uns unser Gastgeber in die obere Etage, um uns seine neuesten Errungenschaften zu zeigen: Neun hölzerne Statuen aus dem dreizehnten Jahrhundert, entdeckt in und dann gestohlen aus einer Höhle im nordöstlichen Thailand. Sie befinden sich in nahezu perfektem Zustand, bis auf eine Mañjushrī-

Figur, der jener Arm fehlt, der normalerweise das Weisheitsschwert hält.

»Ich kann wahrscheinlich alle neun im Met* unterbringen«, erzählt Orin stolz. Ich tausche einen Blick mit Lynn. Wir sind deprimiert, es ist nicht auszuhalten. All das Gerede, die ganzen Schickeria-Deals, die Ausplünderung kunsthandwerklicher Kulturbestände, der zwanghafte Charakter dieser kulturellen und spirituellen Mutationen – wir wollen nur noch das Weite suchen.

Orin verlegt sich unvermittelt auf Rechtfertigung: »Sie kommen sowieso in ein Museum. Ich bin letzten Endes nur ein gutbezahlter Zwischenhändler.«

Wir wünschen ihm viel Glück und bestellen, indem wir uns auf unsere Müdigkeit berufen, ein Taxi für die Heimfahrt.

* * *

Am nächsten Tag schlafen wir aus, machen vom Zimmerservice Gebrauch und blicken gedankenverloren durchs Fenster auf den festgefahrenen Straßenverkehr. Wir sind an einem Tiefpunkt angekommen. Uns ist beiden nicht nach Weitermachen zumute, und wir ziehen es sogar in Erwägung, einen Rückflug nach Hause ins Hudson Valley zu buchen oder uns für ein paar Wochen in Südthailand einen schönen Platz am Meer zu suchen. Aber Lynns Fotojob nagelt uns auf Vertragserfüllung fest. Vielleicht ist das nur gut so; denn hätten wir keine Verpflichtungen, wären wir nicht viel mehr als Streichholzschachteln auf dem Ozean. Statt auf einer Pilgerreise, und sei es auch eine mißlungene, befänden wir uns

* *Met*: das Metropolitan Museum of Art in New York (A.d.Ü.]

dann jetzt wohl eher auf einer Ferien- oder, schlimmer, auf einer zweifelhaften Abenteuerreise. Und wenn wir uns auf die Heimreise machen, dann ist das ebenso quälend und ebensosehr von unserer melancholischen Grundstimmung überschattet, wie wenn wir weitermachen – ja, die meiste Zeit ist uns beiden sehr wohl klar, daß dies überhaupt keinen Unterschied macht.

Am Abend taucht Chatri in Wadleighs Begleitung unten im Hotel auf, und wir fahren zusammen zum Grundbesitz seiner Familie, wo er gerade ein neues Haus baut. Der größte Teil seiner Familie, darunter seine beiden Schwestern, Mutter und Vater, lebt, einander direkt benachbart, auf einem Stück Land, das ihnen allen gehört. Sie sind voneinander unabhängig und doch zusammen, ein echter Gegenentwurf zu Bangkoks ins Unerträgliche entfremdeten Lebensbezügen. Als wolle er diese Idee einer zwanglosen Gemeinschaft noch unterstreichen, wählt er für unser Abendessen ein schlichtes Restaurant in einer ruhigen Nebenstraße, das seine Schwiegermutter und sein Schwiegervater mit Hilfe ihrer beiden Söhne betreiben. Jeder ist da einbezogen, genau wie bei Chatris Filmen seine Verwandten und auch seine Freunde miteinbezogen sind – eine erweiterte Familie, die es irgendwie schafft, kooperativ zu sein.

An unserem letzten Tag in Bangkok sind Lynn, Wadleigh und ich zu Besuch bei Sulak Sivaraksha, einem hervorragenden buddhistischen Gelehrten, Anwalt und sozialen Aktivisten, der unlängst von Mairead Corrigan aus Nordirland, die die Auszeichnung bereits erhalten hat, für den Friedensnobelpreis nominiert wurde. Von der Regierung unter Hausarrest gestellt, empfängt Sulak uns in seinem Zuhause, zwei oder drei bescheidenen

Holzgebäuden inmitten einer engen, ansonsten von Hochhäusern gesäumten Straße. Sein Haus ist das einzige Gebäude, das nicht modern und nicht mehr als zwei Stockwerke hoch ist.

Letzte Woche hatte er seinen sechzigsten Geburtstag, und morgen wird er vor Gericht stehen, angeklagt wegen Majestätsbeleidigung und wegen Verleumdung des früheren Armee-Chefs, General Suchinda Krapayoon. Wenn er für schuldig befunden wird, drohen ihm bis zu siebzehn Jahre Gefängnis. Doch er wirkt vollkommen entspannt, als er uns in seinem Garten Tee einschenkt, während sein Anwalt ruhig an seiner Seite sitzt. Er trägt ein kragenloses weißes Baumwollhemd, eine weite Baumwollhose mit einem *Pha Khamah* (einer Art Lendenschurz) als Gürtel und bequeme Hausschuhe. Wir reden über alles, von Coca Cola (verkörpert für ihn kulturellen Imperialismus, den er ablehnt) bis Bhutan (er glaubt, die Rigorosität und konservative Haltung des buddhistischen Königs und seiner Regierung werde unweigerlich zu einem politischen Umsturz führen).

Dessen ungeachtet, daß Siam (die Bezeichnung »Thailand« akzeptiert er nicht, weil vom Westen eingeführt) niemals von einer westlichen Macht kolonialisiert worden ist, hat der Westen sich das Land mit den Mitteln des Konsums doch restlos untertan gemacht. »Sehen Sie sich eine beliebige Straße in Bangkok an. Alles, was Sie sehen, sind Leute, die sich nach den Maßstäben westlicher Reklame definieren. Heutzutage ist Bangkok eine drittklassige westliche Stadt.«

Dem können wir nur zustimmen. Andererseits ist natürlich allmählich jede Stadt überall auf der Welt eine drittklassige Stadt. Wadleigh, dessen schlanke, äußerst bewegliche und elegante Erscheinung die Assoziation an einen in die Jahre gekommenen Windhund wachruft – sehnig, kraftvoll und mit seiner Schnüffelnase stets bereit, jedem Konzept, jeder Sache hinterherzujagen, solange nur Action angesagt ist –, fragt Sulak um Rat. Er spielt mit dem Gedanken, noch einmal einen Musikfilm zu machen, eine Art Ost-West-Woodstock mit asiatischen und westlichen Rockbands. Eine »wir alle sind doch eine Welt«-Idee. Was glaubt Sulak, wo sich das machen ließe? Im Park? Außerhalb der Stadt? In einem Stadion? Sulak bleibt höflich, doch es ist offenkundig, daß er diesen Einfall nicht für geglückt hält.

Lynn bringt das Gespräch wieder auf das Thema Konsumkult, woraufhin sich seine Miene etwas aufhellt. Dies ist offenbar eins seiner Lieblingsthemen. Wiederum gibt Wadleigh ein paar Töne dazu von sich, oder eher schon eine ausgedehnte Improvisation über Adidas, Reebok, TV, Schallplattenfirmen, Aung San Suu Kyi, Steven Spielberg und monokulturelle Werbeslogans. Diesmal greift Sulak die Thematik übergangslos auf und variiert seinerseits den Grundakkord: Die Kaufhäuser sind zu Siams Heiligtümern geworden und *Entwicklung* zu einer beschönigenden Umschreibung für *Gier.* Nach dem zweiten Weltkrieg und, mehr noch, mit dem Vietnamkrieg kamen die Amerikaner nach Siam und beuteten seinen natürlichen Reichtum aus, so schnell und wirkungsvoll sie nur konnten. Mit der Konsumorientierung gingen sexuelle Ausbeutung, Gewalt und Drogenmißbrauch einher: Der Konsumkult als Ausbeutung der Jugend an Geist und Körper. Das moderne Siam ist eine völlig aus der Balance geratene Gesellschaft. In Bangkok sehen wir Verkehrsstaus und Umweltverseuchung, doch menschliche Werte bekommen wir nicht zu Gesicht.

Und er fährt fort: Wahlloses Übernehmen westlicher Ideen, während man weder die angestammte eigene Kultur noch die Kultur, aus der jene Ideen kommen, in angemessener Weise versteht, führe zum Widerstreit zwischen zwei Kräften: *Wattanatham* (ländliche Kultur) und *Wattanatham Muang* (städtische Kultur). »In einer ländlichen Kultur ist jeder gleich. Buddhismus liegt jedem einzelnen besonders am Herzen, die Leute achten einander, und ein jeder kümmert sich um den anderen. Doch im Verlauf der letzten dreißig Jahre ist eben diese Kultur zerstört und einer übernommenen städtischen Kultur zuliebe verstümmelt worden. Eine ländliche und der Tradition verpflichtete Kultur stellt einen grundlegenden Wert dar; ein Leben, das jeder nur für sich alleine lebt, hat keinen Sinn.«

Wir plaudern über Gandhis Relevanz für den Buddhismus, über Flugreisen, New York und seine Gerichtsverhandlung, von der er glaubt, daß sie vertagt werden wird (was dann tatsächlich geschah), und erneut wenden wir uns dem Buddhismus zu und den drei Giften: Gier, Haß und Verblendung. Sie alle sind Ausdruck eines unglücklichen Geisteszustands, und jedes der Gifte sorgt, sobald es sich erst einmal ausgebreitet hat, ganz von selbst für immer weiteren Nachschub. Der Kapitalismus und die Konsumgesellschaft werden von diesen drei Giften angetrieben. Dazu Sulaks Ausführungen in seinem neuen Buch, *Saat des Friedens:*

> Der Konsumkult stärkt diejenigen, die ökonomische und politische Macht innehaben, belohnt

> noch ihren Haß, ihren Ärger, ihre Aggression. Hand in Hand mit dem modernen Erziehungssystem ermutigt der Konsumkult zu einer Cleverness, der jede Weisheit fremd ist. Er lehrt die Leute, im Namen von Fortschritt und Modernisierung ihre heimische und unabhängige Kultur geringzuschätzen. Wir müssen auf einfache Art leben, um die Macht von Konsumkult und Materialismus zu untergraben. ... Buddhisten sollten – für eine friedvolle und gerechte Gesellschaft, in der individuelle Moral und spirituelles Wachstum lebendig gehalten werden und die Ganzheit des Lebens bejaht wird – auf das zurückgreifen, was der Buddha über Leben und Tod gelehrt hat.

Kein geringer Anspruch, wenn man davon ausgeht, daß der Konsumkult weltweit um sich greift und der Thai-Buddhismus eine Staatsreligion ist, in der spirituelles Leben unweigerlich korrumpiert und durch faule Kompromisse beeinträchtigt wird.

Sulak pflichtet dem bei. »Siam ist das einzige Land, in dem eine buddhistische Monarchie noch Bestand hat, wo Buddhismus, die Monarchie und Nationalismus untrennbar sind. Doch wenn man gegen diese Realität aufbegehrt, endet man womöglich im Gefängnis, wie es vielleicht morgen bei mir geschehen wird. Auf jeden Fall, wenn Buddhismus zu nationalistisch wird, geht es zu Ende mit ihm, und genau das passiert bei Staatsreligionen.«

Sulak händigt uns ein paar Päckchen aus, die wir für ihn in den Staaten auf die Post geben sollen, und wir verabschieden uns. Als ich noch einmal zurückschaue, um zu winken, ist er bereits in eine hitzige Konversation mit seinem Anwalt verwickelt, der sich aufgeregt Notizen macht.

* * *

Am nächsten Morgen brechen wir vor Sonnenaufgang in Richtung Chiang Mai auf. Wir werden über Sukhothai fahren, im dreizehnten Jahrhundert Hauptstadt des ersten großen Thai-Königreichs in Siam, und wollen vorher noch einen Zwischenaufenthalt in Tham Krabok, einem Rehabilitations-Kloster, einlegen. Chatri hat uns einen Kleinbus beschafft, mit Fahrer und zwei Reisebegleitern, die wir zuvor schon bei unserer Ankunft am Flughafen getroffen hatten: Sein Schwager Gee und dessen Freundin Anna. Obgleich wir uns vor fünf Uhr auf den Weg machen, kostet es uns stundenlanges Fahren durch den üblichen Verkehrsstau, um zu guter Letzt von Bangkok wegzukommen.

Es folgt eine langweilige Fahrt über eine gerade, gut ausgebaute Landstraße, vorbei an ausgedorrten Feldern, einem Reisfeld hier und da, modernen Tankstellen und Imbißläden.

Nach vier Stunden halten wir in Tham Krabok an, einem schon von der Straße aus sichtbaren Tempelkomplex, der von schroff aufragenden Kalksteinfelsen umgeben ist. *Tham Krabok* bedeutet »klösterliches Zentrum ›Opiumpfeifen-Höhle‹«. Seine Hauptaufgabe besteht darin, bei Sucht jeglicher Art, von Opium und Crack bis zu Alkohol oder auch Zigaretten, den Betroffenen als Anlaufstelle zu dienen und ihnen den Entzug zu ermöglichen. Es ist weithin bekannt, daß hier Zehntausende von Drogenabhängigen – aus Thailand, aber auch aus vielen anderen Ländern, der Westen und Australien inbegriffen – kuriert worden sind. Jüngst behauptete die Regierung, der Abt, Phra Chamroon Panchan – einst Polizist, bevor er Mönch wurde –, lasse es zu, daß in Tham Krabok illegale Einwanderer aus Laos Unterschlupf fänden, die sich um eine Koordination subversiver Aktivitäten gegen die kommunistische Regierung in Vientiane bemühten. Phra Chamroon weist alle Anschuldigungen von sich und sagt, die 13 000 Stammesangehörigen der Hmong in der Region seien allesamt in den Opiumhandel im Goldenen Dreieck verwickelt und hätten das denkbar geringste Interesse daran, die laotische oder irgendeine andere Regierung zu stürzen.

Da ich für *Tanhas,* Begierden, irgendwie eine Menge übrig habe, fühle ich mich sofort heimisch in Tham Krabok. Es ist ein hervorragender Platz zur Kontemplation der fünf grundlegenden Wahrheiten des Buddhismus:

1. Ich bin dem Verfall ausgeliefert, und es gibt da kein Entrinnen.
2. Ich bin für Krankheit anfällig, und es gibt da kein Entrinnen.
3. Der Tod wartet auf mich, und es gibt da kein Entrinnen.
4. Es wird eine Trennung stattfinden von allem, was mir lieb ist.
5. Ich trage die Verantwortung für meine Handlungen und deren Konsequenzen. Welche Handlungen ich auch immer begehe, gute oder schlechte, sie werden auf mich zurückfallen.

Der ganze Platz hat etwas Erdhaftes und Unverwüstliches. Als wir, einem staubigen Pfad folgend, zum

Haupttempel gehen, kommen wir an einem gewaltigen schwarzen Buddha aus Eisen vorbei, der am Scheitelpunkt eines Steinbruchs sitzt, von fünfundzwanzig Statuen seiner Hauptschüler, alle aus Eisen gefertigt, sowie von rostigen Maschinen umgeben. Den Steinbruch überragt eine Felswand, die von undurchdringlichem Dschungel eingeschlossen ist.

Tham Krabok ist von Mae-chii Mian, einer buddhistischen Nonne, gegründet worden. Fünfundzwanzig Prozent der dreihundertköpfigen Belegschaft sind Nonnen, der Rest Mönche. Alle Mönche und Nonnen arbeiten an der Durchführung des Entzugsprogramms mit, und mehr als die Hälfte von ihnen war einst selbst abhängig.

Im Schatten eines gewaltigen Baumes sitzen wir an einem steinernen Tisch und betrachten die Patienten, die innerhalb eines geschlossenen Hofbereichs träge herumhängen, während es anderen freizustehen scheint, auf dem gesamten Anwesen spazierenzugehen, Zigaretten zu rauchen und ein Schwätzchen zu halten. Die meisten von ihnen sind offenbar Teenager oder in ihren Zwanzigern. Viele haben verschlungene Tätowierungen am Körper. Zu siebzig Prozent, so erfahren wir später, kommen sie aus Asien, meist aus Thailand, Burma und Kambodscha, während die übrigen Westler sind. Frauen sind nicht zu sehen; sie müssen demnach in separaten Quartieren untergebracht sein.

Zum Kernbestand des Programms zählt die Anwendung pflanzlicher Brechmittel. Fünf Tage lang trinken die Patienten allmorgendlich einen dickflüssigen Sud aus 150 verschiedenen Kräutern, am Nachmittag folgt ein Saunabesuch, und anschließend, am Abend, kommen die Patienten zu einer Gruppen-Entgiftung zusammen:

Sie hocken sich, einer neben dem anderen, vor einem langen Zementtrog nieder und kotzen wie die Reiher. Dieser Behandlungsabschnitt wird häufig von lauter, pulsierender Musik begleitet, gespielt von anderen Patienten, die diesen Teil der Prozedur schon hinter sich haben. Auf die fünf Tage, für die Schwitzen und Erbrechen angesagt ist, folgen weitere fünfundzwanzig Tage mit Meditation, Kräutersauna und Beratungsgesprächen. Jeder Teilnehmer legt, bevor er zur Therapie zugelassen wird, das Gelübde ab, sich strikt an die Klosterregeln zu halten. Er schreibt das Gelübde auf ein Stück Reispapier nieder und verschlingt dieses dann. Falls er auch nur gegen eine einzige Regel verstößt, wird er unverzüglich vor die Tür gesetzt und darf niemals wiederkommen. Das ist knallhart, alles oder nichts, und in aller Regel scheint es zu wirken, da Phra Chamroon auf eine Erfolgsquote von über siebzig Prozent pocht.

Ein schwarzer amerikanischer Mönch, Gordon – oder Mönch Gordon, wie er lieber genannt werden möchte – liefert uns zur Frage von Behandlungserfolg oder -mißerfolg eine weitergehende Einschätzung: »Ich will dir mal was sagen, Kumpel, es sieht ganz danach aus, daß die meisten Leute, die ihr Gelübde nicht einhalten, auch nicht lange überleben. *Tanha* (Begierde bzw. das Anhaften am Objekt der Begierde) ist unerbittlich, mein Lieber. Keine Kriegsgefangenen! So sieht's aus, wenn du mit *Tanha* oder *Dukkha* (Leid) zu tun hast. Wir haben hier Leute aller Art, und sie kommen aus allen Ecken der Welt. Wir teilen sie je nach Religion und Geschlecht ein. Wir ändern ihren Namen, geben ihnen vegetarisches Essen und unterziehen sie dann der Prozedur. Wir haben einen Mönch jeweils für zehn

Abhängige. Das ist Erste-Klasse-Behandlung, egal wie du's drehst.«

Mönch Gordon ist ein breitschultriger Ex-Junkie mittleren Alters aus Harlem, der nicht nur in Vietnam, sondern als Söldner auch auf den Falkland Inseln, in Südafrika und Kambodscha gekämpft hat. Als einziger ständig hier lebender, voll ordinierter Mönch ausländischer Herkunft innerhalb der Klostergemeinschaft hat er das Gelübde abgelegt, zeit seines Lebens dazubleiben, und mittlerweile ist er schon über zehn Jahre in Tham Krabok.

Seine Lebenseinstellung ist schnörkellos. Keine Faxen, keine »Mitgefühls-Duselei«. Er versteht sich auf seine Aufgabe. »Vorwiegend bekommen wir sie im Alter zwischen acht und fünfundvierzig Jahren. Je jünger, desto besser. Eine Menge unserer jungen Freunde ist dadurch auf Droge gekommen, daß ihre Mama ihnen Opiumrauch in die Nase gepustet hat, damit sie ›pflegeleicht‹ werden. Eine Menge von ihnen kommt aus dem Goldenen Dreieck. Ganz zu schweigen von der South-Bronx.«

»Jeder Patient darf fünfmal Besuch bekommen, und dann auch nur von einem Verwandten für höchstens zwanzig Minuten. Und wir behalten sie im Auge. Vermasseln sie diese Chance, vermasseln sie höchstwahrscheinlich alles.«

Mönch in Tham Krabok zu sein erfordert viel Disziplin. Neben der Betreuung der Abhängigen gibt es weitere Pflichten – die Knochenarbeit im Steinbruch, die Anfertigung der Roben, die du als Mönch brauchst, Holzfällen, Reisanbau, Kultivierung der Heilpflanzen (die Rezeptur des Gemischs ist geheim), Bau und Instandsetzung sämtlicher Gebäude auf den mehr als 140

Hektar Land, und obendrein muß man noch Zeit zum Meditieren finden. Als ich Mönch Gordon über Vipassanā, Einsichts-Meditation, befrage, erklärt er, daß sie es alle praktizieren, allerdings auf unterschiedliche Weise. Standardmethode zur Bemessung der Meditationsdauer ist die, sich nach der Zeitspanne zu richten, die ein Räucherstäbchen, ein Cello, zum Abbrennen benötigt – rund vierzig Minuten. Er ist ein »500 Räucherstäbchen im Jahr«-Mann.

Außerdem verzehren die Mönche täglich nur eine Mahlzeit und gehen ausschließlich zu Fuß, verzichten auf jede andere Fortbewegungsart. Jedes Jahr, kurz vor der Regenzeit-Klausur, führen die Mönche für einige Wochen das *Thudong* durch, Waldwandern, nur mit Schirm und Moskitonetz ausgestattet. Sie nächtigen auf dem Waldboden und bleiben nie länger als für eine Nacht an ein und derselben Stelle.

Unvermittelt steht Mönch Gordon auf. »I don't say goodbye«, sagt er. »I only say hello.«

Er dreht sich um und geht seines Weges.

* * *

Auf der Fahrt mit dem Kleinbus der immer gleiche Anblick trockener Felder und moderner Tankstellen, eine Thai-Version des amerikanischen Mittelwestens. Anna steckt ein Video in den Recorder, *Salween,* ein Film von Chatri, der das Leben am gleichnamigen Fluß im Grenzgebiet zwischen Thailand und Burma schildert, wo das Gesetz nichts gilt. Der Film zeigt die dortige Polizei und die Karen, einen der Volksstämme im burmesischen Bergland, ebenso wie skrupellose thailändische Holzfäller-Magnaten. Es geht blutig zu, und der Film ist auch professionell gemacht, doch mein Geist ist zu zerstreut, um sich auf gewaltträchtige Bilder von bestialischem Mord und Verrat einzustellen, und nach einer Weile schlafe ich ein.

Schließlich machen wir nach vier Stunden in Lop Buri halt, um in der Stadtmitte eine kleine Gebäudegruppe von mehreren Tempeln zu besichtigen, die durch aus Kambodscha nach Thailand gekommene Bildhauerei beeinflußt und von Khmer-Handwerkern zwischen dem zehnten und vierzehnten Jahrhundert erbaut worden sind. Ursprünglich hatte mein Interesse dieser Stätte gegolten, weil sie den Übergang zwischen Mahāyāna- und Theravāda-Einflüssen erkennen läßt, doch meinem ungeübten Auge erscheinen die Tempel schwerfällig und wenig markant. Das Gelände ist voll von Affen, die überall herumtollen, unentwegt auf Suche nach Abfällen und von Touristen angebotenen Schleckereien. Die Affen sind frech und furchtlos. Einer klettert an Lynn empor und zieht sie am Haar. Ein anderer stiehlt zwei Filme aus ihrer Tasche und rennt mit ihnen davon. Auf einer Terrasse hoch oben auf einem Tempel sitzend, blickt er geringschätzig auf uns herab, während er den Film mit all unseren Aufnahmen von Mönch Gordon und Tham Krabok aus der Patrone zieht.

Die glühende Hitze erfaßt mich, während wir die Fahrt auf der endlosen, ermüdend langweiligen Landstraße in Richtung Sukhothai fortsetzen, ehedem Zentrum der Thai-Zivilisation. Magenkrämpfe, heiße und kalte Schweißausbrüche, Kopfschmerzen.

Zu guter Letzt Ankunft im Sukhothai Hotel, einem großen, zweistöckigen Zementbau, dessen Zimmer rings um einen kreisförmigen Innenhof angeordnet sind, mit einem großen Schwimmbecken in der Mitte. Da dies die heiße Jahreszeit ist, läßt sich niemand blicken. Der ganze Platz hat etwas Steriles, auf eigentümliche Weise Faschistisches. Er erinnert mich an das japanische Hotel im Lumbinī-Hain nahe Siddhārthas Geburtsort Kapilavastu, heutzutage in Südnepal gelegen: kühl, ohne Charme, antiseptisch, erbaut für große Reisegruppen, die mal eben auf einen Sprung an eine der wichtigeren buddhistischen Verehrungsstätten wollen, ein bißchen »Verdienst« ergattern, ein paar Fotos knipsen, ein Andenken oder eine Plastikreliquie für zu Hause kaufen, und *Sayōnara,* auf geht's nach Bodhgayā oder Bodhnath oder Borobudur, weiteren Stationen auf der Pilger-Rundreise.

In unserem Zimmer lassen wir uns nur noch aufs Bett fallen. Eine Stunde später bin ich entschieden zu kaputt, um mir die Ruinen anzuschauen, und Lynn zieht ohne mich los. Ich trinke ein Glas Eiswasser. Fast augenblicklich bekomme ich Magenkrämpfe. Ich habe das Gefühl, gleich ohnmächtig zu werden. Während ich mir die Kleidung vom Leib zerre, krieche ich zum Badezimmer und wälze mich über den Kachelboden; mein Atem ein verzweifeltes Ringen nach Luft. Ich denke an nichts und niemanden, bloß an den Schmerz. Mein Geist ist verdunkelt und total unklar. Ich stehe kein bißchen über den Dingen, habe keinen Standpunkt, der seine Gegenposition miteinbezieht, kein Wahrnehmungsvermögen dafür, daß ich nicht mein Körper bin. Ich bin ein elendes, wimmerndes Häufchen von unglaublich viel Schmerz und Angst.

Wieder mal hübsch zurückgeworfen auf »der Straße nach nirgendwo«. Diesen Morgen hatte ich noch in Patrul Rinpoches kleinem Buch gelesen, »Die Essenz des

Herzjuwels praktizieren – Sicht, Meditation und praktische Umsetzung«. Und zwei Strophen hatte ich mir unterstrichen, in Gedanken bei Ayrev, der buchstäblich in einem »Augenblick« gestorben war, eingeschlafen am Lenkrad seines Autos, mit einundzwanzig Jahren auf dem Höhepunkt der Vitalität eines normalen Lebenszyklus: anziehend, voller Elan, leidenschaftlich, eigentümlich weise und poetisch – und dann war er weg, und hier schleppe ich mich beinahe ohnmächtig über den Badezimmerfußboden eines grotesken Touristenhotels in Sukhothai wie ein alter Frosch.

Für einen Moment glaube ich zu sterben. Ich bin vollkommen allein, ohne Hilfe, ohne Weisheit, ohne die verläßliche Stütze wirklicher Praxis, die mich leiten könnte; keine Bardo-Gebete, keine Unterweisungen, keine offene Weite, kein Bild meines Wurzel-Gurus oder überhaupt irgendeines Meisters, auf den ich mich in dieser Situation stützen könnte, auch nicht ein Freund oder meine Frau – nicht einmal mein Hund. Alles, was mir bleibt, ist Angst und Schmerz.

Aus irgendeinem Grund, als werde mir das weiterhelfen, krieche ich zu meinem Koffer hinüber und suche nach Patrul Rinpoches Textzeilen.

Wenn man Vertrauen setzt in andere
mit ihrem trügerischen Lächeln,
treibt das Ich sein Verwirrspiel
mit Hilfe von Erwartung,
indem es mit Hoffnung und Zweifel
mal dies, mal das bewirkt.
Nun, wenn dies eintritt,
unternimm am besten nichts.

Selbst wenn heute der Tod eintritt,
bedaure es nicht,
den samsarischen Dharma* hinter dir zu lassen.

Selbst wenn jemand hundert Jahre lang leben kann,
dennoch, die Jugend hinter sich zu lassen
ist nicht erfreulich.
Ob der Tod eintritt oder das Leben, was macht's?
Im nächsten Leben
Zugang zum Dharma zu haben ist genug.

Verbrenne diesen Leichnam des Verhaftetseins
im Feuer des Nichtanhaftens.
In allem, was dir jetzt erscheint,
praktiziere den Dharma des Essentiellen,
dies beinhaltet sieben Stufen.

Angesammeltes Verdienst ist ein Rauchopfer,
das ganz und gar den Toten zugute kommt,
darum rezitiere die sechs Silben**.

Ich versuche die Worte noch einmal zu lesen, da mir der Text vor den Augen verschwimmt. Doch Patrul Rinpo-

* Dharma: Ein außerordentlich vielschichtiger Begriff, der an dieser Stelle in der weitgefaßten Bedeutung von Wirklichkeit, Erscheinungswelt, Manifestation gebraucht wird, hier also nicht den Buddha-Dharma, die Lehre des Buddha, bezeichnet. Zur Bedeutung von samsarisch siehe Fußnote auf Seite 66. (A.d.Ü.)

** Die sechs Silben: Traditionelle Bezeichnung für das Mantra *Om Mani Padme Hum,* das die Mitgefühls-Energie klanglich zum Ausdruck bringt. Die überlieferte Lautfolge eines Mantra kann ein wichtiges Element der Meditation sein. (A.d.Ü.)

ches tiefgründige Einsicht und sein Weisheitsgeist scheinen so weit weg von mir zu sein, daß ich das Buch in den Koffer zurücklege und den Fernseher anschalte. Als einziger Sender ist CNN zu empfangen. Larry King im Gespräch mit Julia Roberts.

Lynn findet mich auf dem Badezimmerboden, wo ich mich stöhnend über die kühlen Fliesen wälze. Ganz gelassen verabreicht sie mir drei Acidophilus-Pillen und eine Valium, und fast augenblicklich ist der Schmerz weg.

Das Leben ist kostbar, unerträglich kostbar.

Ich bin wieder da, mein altes Ich, wenn auch noch zu schwach, um etwas zu essen. Aber morgen, sicher, da werde ich zwischen den Ruinen von Sukhothai herumstöbern, als ob überhaupt nichts geschehen wäre, als wäre ich gar nicht dabeigewesen und hätte erst recht nichts dazugelernt.

In der Nacht ergeht es mir wieder übel. Diesmal ist der Anfall noch schlimmer. Aber dieselbe Behandlung verschafft mir einmal mehr Erleichterung. Ich liege auf dem Badezimmerboden, direkt in Reichweite der Toilette und denke nach über das Thai-Wort *Khwan,* das »Lebensgeist« bedeutet. Jedermann kann, überkommenen Vorstellungen der Thai zufolge, sein *Khwan* verlieren. Das passiert, wenn ein starker Schock die Psyche erschüttert, beispielsweise ein Todesfall oder ein Verrat an der eigenen Integrität, der einen tiefen Einschnitt in deinem Immunsystem oder deinem Innersten hinterläßt. Das zwingt deine spirituellen Schützer in die Knie. Im Westen spricht man dann von Depression oder Melancholie. Eine ganz geläufige Beschwerde unter Autoren mittleren Alters, die allzuviel Zeit im Filmgeschäft vertan haben, die ihre Sprache weggeben an Regisseure und Produzenten, ihr »Ich« zu etwas Äußerlichem sich wandeln lassen, ihre eigene Handschrift verraten, in gewissem Sinn anderer Leute Sklaven werden.

In spiritueller Hinsicht hat dieser Zustand vermutlich seinen Ursprung im unaufhörlichen Brechen eingegangener Verpflichtungen, darin, daß man sich nicht einer bestimmten Praxis, für die man die kostbare Übertragung erhalten hat, konsequent widmet. Er kommt dadurch zustande, daß wir unser Leben zerstreut und viel zu weit von Achtsamkeit entfernt verleben.

Wie erhalte ich mein *Khwan* zurück? Durch die »Handlung des Nichthandelns«. Indem ich nein sage, geleitet von klarem Unterscheidungsvermögen. Indem ich oberflächliche Ambitionen aufgebe, die voller Aggression sind und der Aufwertung des Egos dienen.

Ein Gebet von Dudjom Rinpoche ruft die dafür notwendige Sichtweise in Erinnerung, die das *Khwan* stärkt:

> Mögen wir die Große Gewißheit der Sicht erlangen,
> in der Samsāra und Nirvāna eins sind.*

* Samsāra: Der »Daseinszyklus«, eine Abfolge von Wiedergeburten, die ein Wesen innerhalb der verschiedenen Daseinsbereiche durchlebt, bis Befreiung erreicht wird. Das Gefangensein in Samsāra ist bedingt durch die drei »unheilvollen Wurzeln«: Abscheu, Verlangen und Verblendung.
Nirvāna: Das Ziel spiritueller Praxis in allen buddhistischen Überlieferungen. Der Begriff Nirvāna verweist nicht auf ein Aufhören, sondern eher auf ein Eintreten in eine andere Seinsweise. Nirvāna ist frei von jeglicher Bedingtheit; seine charakteristischen Merkmale sind: Abwesenheit von Entstehen, Fortbestehen, Wandel und Vergehen.

Mögen wir tunlichst die Meditation
vervollkommnen und stärken,
die natürliches Ruhen im wandellosen Zustand ist.

Mögen wir tunlichst dem Handeln gerecht werden,
dem Handeln des Nichthandelns,
welches ganz natürlich von selbst geschieht.

Mögen wir imstande sein
zur Selbst-Findung des Dharmakāya*,
der frei davon ist,
etwas zu erlangen oder aufzugeben.

Ich denke an Ayrev und daran, wie geisterfüllt er war, bevor er starb. Ich bin nicht zornig, fühle mich auch nicht im Stich gelassen. Ich fühle mich nicht so sehr leer, eher verletzlich und aus der Bahn geworfen. Ich bin schockiert angesichts der Dürftigkeit meiner dharmischen Sichtweise – wie ichbezogen ich bin, wie nachgiebig meinem emotionalen Schmerz gegenüber. Ich bin erschrocken, wieviel Zeit ich vertan habe. Vor mir das unausweichliche Offenbarwerden von Krankheit, Alter und Tod – falls ich denn glücklich genug bin, das Drama des »letzten Aktes« zu erkennen, während es seinen Lauf nimmt.

* * *

* Dharmakāya (»universeller Körper« oder »Wahrheitskörper«): Die wahre Natur des Buddha, die identisch ist mit der transzendenten Wirklichkeit, der Essenz des Universums. Der Dharmakāya ist die Einheit des Buddha mit allem, was existiert. Ferner ist er gleichbedeutend mit dem Dharma, der Lehre des Buddha.

Lynn ist bereits aufgebrochen, als ich am nächsten Morgen für die Fahrt zu den Ruinen ein Taxi nehme, vorbei am Yom, einem Fluß, der die gesamte, über achtzig Kilometer sich erstreckende und in der Ferne von niedrigen Gebirgszügen gesäumte Tiefebene durchzieht. Die Stadt war einst Mittelpunkt eines Königreichs, zu dem Luang Prabang am laotischen Flußufer des Mekong, das südliche Burma und Malakka auf der malaysischen Halbinsel gehörten.

Es ist heiß und windstill. Lediglich ein paar Mönche in orangefarbenen Roben, ihre Bettelschale in der Hand, schreiten langsam über die ansonsten vollkommen verlassene Straße – das Gegenteil von dem, was Sukhothai einst gewesen sein muß, als es das Zentrum von Siams erstem Thai-Königreich war, das zwischen 1257 und 1389 unter der Regentschaft von König Ramkhanghaeng seine Glanzzeit hatte. Dieser als Kriegsherr in die Geschichte eingegangene König hat nicht nur die Grenzen des Königreichs erweitert, sondern obendrein dem Buddhismus, gleichermaßen in Kunst und Architektur, zu einer durchgängigen Ausdrucksform verholfen – einem an Verzierungen reichen und eleganten Stil, der in hohem Maß von der Kunst Sri Lankas und, zu einem gewissen Grad, von der Indiens beeinflußt wurde. Die meisten bildhauerischen Schöpfungen sind so abstrakt und stilisiert, daß Finger und Zehen des Buddha oft gleich aussehen.

Die Wats in Sukhothai sind von Wasserbecken umgeben und bringen so symbolisch zur Anschauung, daß die Himmel in dem uranfänglichen (primordialen) Ozean enthalten sind. Am Wasser stehen religiöse Gebäude im Gedenken an den Buddha, der im Augenblick seiner Erleuchtung unter dem Bodhi-Baum einem Fluß zugewandt saß. Wenn natürliches Wasser nicht verfügbar war, legten die Mönche Teiche an.

Bei Wat Mahathat erfaßt mein Blick für einen kurzen Moment Lynns Kopf, als sie sich beim Fotografieren einer stehenden, über neun Meter hohen Buddha-Statue mit ihrem langen, vorzeitig ergrauten Haar, das wie ein silberner Vorhang wirkt, über die Kamera beugt. Um sie herum große, zerbrochene Säulen und *Chedis,* die man in Indien und Tibet als Stūpas und in Südostasien als Pagoden bezeichnet. Der Großteil der Chedis in Thailand – wie in Burma, Sri Lanka und Kambodscha – vermittelt dem Betrachter viel stärker den Eindruck von Vertikalität als die indischen oder tibetischen Stūpas. In Sukhothai sind die Chedis aus Laterit gefertigt, einem irdenen Baumaterial von rötlicher Farbe, das an der Luft aushärtet.

Obgleich das meiste von diesem Königreich dem Untergang anheimgefallen ist, haben die Archäologen ganze Arbeit geleistet. Der vorherrschende Eindruck an diesem Platz, der eine in sich stimmige architektonische Gestaltung widerspiegelt, ist der von Ordnung und Würde. Die meisten Chedis sind wie eine Lotosknospe geformt, ein von Sukhothais Kunsthandwerkern während der Regentschaft von König Lo Thai entwickelter Stil. Im Unterschied zu vielen anderen Chedis oder Stūpas, etwa zu denen in Borobudur, oder zu Tibets dreidimensionalen Mandalas, wurden die meisten dieser Chedis für die Aufbewahrung von Buddha-Reliquien, mitgebracht aus Sri Lanka, wie auch von verschiedenen Buddha-Darstellungen erbaut. Doch eigentlich geht es dabei nicht um Reliquienverehrung; der Entwurf dieser Bauwerke ist von der Idee geleitet, den erleuchteten

Geisteszustand zu versinnbildlichen und den Betrachter zur Meditation zu ermutigen. Traditionell umschreitet ein Pilger sie in Richtung des Sonnenumlaufs. Hier allerdings gibt es keine Pilger, und alles wirkt zu sehr hergerichtet, zu sehr geschützt und überrestauriert, zu sehr wie ein archäologisches Museum ohne jede echte spirituelle Substanz.

Doch kein Zweifel, die Alternative zur Restaurierung wäre Verfall. Vor zwanzig Jahren, bevor aus Sukhothai ein Historien-Park wurde, war der schutzlose Tourist noch durch Banden krimineller Wegelagerer bedroht.

Ich schaue mir Lynn an, wie sie bewegungslos dasteht in kontemplativer Betrachtung des riesigen Buddha, der auf seinem ovalen Kopf eine Krone trägt, sein Gesicht von der unendlichen Gelassenheit eines mystischen Lächelns überstrahlt. Vielleicht hat sie für einen Moment Erleichterung gefunden und kann die Trauer, die sie die ganze Zeit begleitet, annehmen. Mit Ayrevs Verlust kam zugleich eine starke Sehnsucht nach Spiritualität auf, als seien für einen Moment all die Verdunkelungen aufgelöst, die uns früher von gewissenhafter Bemühung abhielten, und als seien wir so nackt und exponiert, daß uns gar keine andere Wahl blieb, als uns eine höhere dharmische Sichtweise zu eigen zu machen, uns tatsächlich hinzusetzen und zu praktizieren – im alltäglichen Leben die »Vier Gedanken, die den Geist (zum Dharma hin) ändern« im Sinn zu haben:

> Die Freiheiten und die günstigen Bedingungen dieser menschlichen Geburt sind äußerst schwer zu erlangen. Alles, was geboren ist, hat keinen Bestand und ist zum Sterben verurteilt. Die Auswir-

kungen von glückverheißenden und von Unglück verheißenden Handlungen kommen unweigerlich zum Tragen. Die drei Daseinsbereiche sind in ihrem Wesenskern ein Ozean von Leid. Indem ich mich darauf besinne, möge mein Geist sich dem Dharma zuwenden!

Zuallererst, gleich nach dem tödlichen Unfall, war Meditation das einzige, was uns Erleichterung verschaffte. Zweimal, mitunter dreimal täglich saßen wir zu Hause in unserem Meditationsraum, gelegentlich mit Freunden, oft allein. Stets rezitierten wir das »Herz-Sūtra«, das Herzstück des *Prajñāpāramitā-Sūtra,* des »Großen Sûtra der Weisheit«, das in seinem Mantra gipfelt: OM GATE GATE PARAGATE PARASAMGATE GATE BODHI SVAHA. »Hingegangen, hingegangen, zum anderen Ufer gegangen, vollkommen darüber hinaus gegangen – erwachter Geist, so sei es.« Die gewöhnlichen Ablenkungen entfielen, und oft empfand ich Dankbarkeit für diese Trauer, als sei Ayrev in einer uns zutiefst ergreifenden Weise unser Lehrer geworden. Doch jetzt, in die Welt zurückgestoßen, hat unsere Meditation an Spontaneität verloren. Das Reisen ist zur Ablenkung geworden, selbst auf dieser Pilgerfahrt. Was uns aber bleibt, ist eine neue Sensibilität für die Grenzen, die wir haben.

Immer noch bin ich geschwächt und durcheinander infolge der verheerenden Nacht, die ich hinter mir habe; doch nach einigem Hin- und Hergehen zwischen den fast ausnahmslos verfallenen Statuen und Chedis finde ich meinen Platz vor einem »schreitenden« Buddha, einer Buddha-Darstellung, die ich nie zuvor gesehen hatte und die in dieser das »Werden« versinnbildlichenden weich fließenden Haltung tatsächlich nicht in vielen Epochen zu finden ist. Diese hier steht erhöht auf einem steinernen Sockel, die linke Hand erhoben in der Gestik des Lehrens, einer ganz sachten Berührung von Daumen und Zeigefinger, und während er mit dem rechten Bein voranschreitet, hat sich in der Gehbewegung die linke Ferse vom Boden gelöst.

Doch ist es die Eleganz der leicht gekrümmten rechten Hand, die mein Augenmerk auf sich zieht. Offen und doch innehaltend, verletzlich und doch die Beherztheit des »Voranschreitens« widerspiegelnd, sind die vollkommen entspannten Finger androgyn, jenseits von Geschlecht – kein Kommen, kein Gehen, doch unaufhörliches Werden. Dennoch, die Finger scheinen zu lokken. Sie haben etwas Verführerisches, Verlockendes, Einladendes. Da ist nichts von dieser strengen Entrücktheit buddhistischer Skulpturen aus Indien oder auch Tibet. Ich blicke hinauf zum Gesicht, zu der aufrechten, von Zuversicht getragenen Körperhaltung. Der gesamte Ausdruck, von der fast unmerklichen Biegung der Finger bis zum geheimnisvoll seligen Lächeln, zeugt von vollkommenem Gleichmut. Die Figur schreitet wie in einem erleuchteten Traum voran. Was sie auf dieser Reise sieht, wird nicht offenbar, weil es nicht geschildert, nicht sichtbar gemacht werden kann. Sie ist ein »Flug durch die Luft« von jemandem, der sich nicht länger fortbewegen muß, um an jedwedem Ort sein zu können.

Eine Bewegung jenseits von Anmut. Ihre Ästhetik verlangt nach Kontemplation – eine Wahrnehmung, die mich plötzlich wie ein Schock erfaßt. Der Buddha scheint direkt durch mich hindurch zu schreiten. Eine

Erfahrung von Erhebung, die mein Fassungsvermögen übersteigt. Das *Amitāyurdhyāna-Sūtra* sorgt für Klarstellung: Wenn du fragst, *wie* jemand imstande ist, den Buddha zu schauen, lautet die Antwort, daß du erst dann soweit bist, wenn du dir die zweiunddreißig primären und die achtzig sekundären Merkmale der Buddhaschaft mit deinem ganzen Herzen zu eigen gemacht hast.

Doch ich bin nicht einmal imstande, diese Merkmale auch nur zu benennen, geschweige denn, sie zu erkennen oder mit Leben zu erfüllen. Mein Geist ist zu ignorant, zu vollgekramt und auf Konzepte bezogen, mein Herz ist viel zu voll von mir unzugänglichen Blockierungen und finsteren Abgründen. »Unterwegs« zu sein ist für mich noch immer wie eine Droge, ich bin auf Suche nach Aufregung, nach Abenteuer – ja auch, Gott bewahre, nach Unterhaltung. Ich kann aufmerksam zuschauen. Ich kann begeistert sein. Ich weiß Dinge zu würdigen. Aber kann ich das ohne Ende?

Ich schließe die Augen und öffne sie wieder. Der Buddha ist noch da, aber ich bin woanders.

Nur noch eine weitere Statue in Sukhothai habe ich mir angeschaut: einen Buddha in Sitzhaltung mit verschränkten Beinen, dessen rechte Hand mit zum Boden weisenden Fingern auf seinem rechten Knie und dessen Linke, Handfläche nach oben, auf seinem Schoß ruht. Es ist die klassische Haltung: Buddhas Anrufung der Erde, seine Erleuchtung zu bezeugen, nachdem er Māra, den Versucher, überwunden hat.

Sofort fühle ich mich geerdet. Māra ist schließlich ein alter Freund: mein Feind, das Ego. Der Herrscher des Reiches der Begierde, der mein selbstsüchtiges Verhalten stützt, meine Todesangst, meine endlosen, selbstherbeigeführten Leiden. Māra ist gegenwärtig auf dieser Pilgerreise, schleicht umher, verlangt nach einer tiefen Erfahrung, nach Erlösung von der Qual, die Ayrevs Tod uns bereitet, nach Hoffnung auf Lynn, ja selbst nach Lebensbejahung – nach allem, bloß nicht nach der Wahrheit des gegenwärtigen Moments.

Nachdem Siddhārtha Māra besiegt und unter dem Bodhi-Baum Erleuchtung erlangt hatte, rief er, mit den Fingern zur Erde weisend, diese als Zeugen an. – Ist die Erde mein Zeuge? Habe ich überhaupt einen?

Buddha »geht, wohin niemand sonst sich vorwagt«. Er geht nicht auf Reisen, dennoch, unaufhörlich, »schreitet er voran«. Er verschwendet keinen Blick auf Reiseführer oder Checklisten. Er hält nicht nach neuen Erfahrungen oder neuen Situationen Ausschau. Er sitzt auf dem Boden in der »Handlung des Nichthandelns«. Jenseits von Warten. Jenseits von Werden. Jenseits von Hoffnung und Furcht.

> Angesichts der schreckenerregenden Verwandlungen von Māras Armeen
> erkennt Das Reine Wesen sie alle als eine Hervorbringung der Illusion.
> Es gibt keine Dämonen, keine Armee, keine Geschöpfe, es gibt nicht einmal ein Selbst.
> Wie das Spiegelbild des Mondes im Wasser ist der Kreislauf der drei Welten irreführend.
>
> LALITAVISTARA-SŪTRA

Auf dem Rückweg zum Kleinbus teilt Lynn mir mit, daß ihr Fotoapparat den ganzen Morgen technisch mehr oder weniger versagt und daß sie einige Male geglaubt hat, der Verschluß sei kaputtgegangen. Statt beim Weitertransport des Films nur wieder neu gespannt zu werden, öffnete er sich, was bedeutete, daß alles überbelichtet sein würde. Ich bin plötzlich in Panik. Sie verwendet eine alte Rolleiflex und hat ihre Reservekamera in New York gelassen. Nun, da uns der italienisch-englische Produzent völlig hängengelassen hat, sind wir auf ihre Arbeit für das Magazin angewiesen – nicht nur finanziell, sondern als *Modus operandi,* als Grund zum Weitermachen, als Brennpunkt, auf den hin wir funktionieren können. Nun ist alles in Frage gestellt.

»Es war schon eigenartig«, sagt Lynn mit abwesendem Lächeln. »Als das Ding kaputtging, habe ich einfach aufgehört, habe völlig aufgegeben. Ich war darauf eingestellt, kein einziges Bild mehr machen zu können. Und da begann der Verschluß wieder zu funktionieren.«

* * *

Ankunft in Chiang Mai. Einst als Königreich von Lanna bekannt, ist Chiang Mai ursprünglich Ausgangspunkt der Thai-Kultur gewesen. Schon seit Jahren hatte ich über meine Junkie-Freunde von dieser Stadt gehört, sie sei ein bequemer Platz, um aus dem Goldenen Dreieck eingeschleustes Opium oder Haschisch aufzutreiben.

Es ist jene Stadt, von der es in Reiseprospekten großspurig heißt, sie werde Thailands seit alters her geläufigem Beinamen »Land des Lächelns« gerecht. Heutzutage jedoch gibt es dort einen internationalen Flughafen, Appartement-Hochhäuser, moderne Hotels, Luftverschmutzung, Verkehrsstaus und die schlimmste AIDS-Ansteckungsrate von ganz Thailand. Viele lächelnde

Gesichter gibt es nicht. Tatsächlich gewinnen wir während unseres dreitägigen Aufenthalts eher den Eindruck, auf der Stadt laste eine trostlose Stimmung.

Unsere Bleibe ist das Chiang Mai Orchid, ein modernes Hotel, das ein clever konzipiertes Foyer hat, mit Café, Fitness-Center und einem Restaurant, das europäische Küche anbietet. Alle beide fühlen wir uns nicht besonders fit, doch wirkt die Atmosphäre im Hotel so niederdrückend, daß es uns nach draußen treibt. Glücklicherweise haben wir schon eine Stippvisite bei den Akhas fest eingeplant, einem Bergvolk, das nördlich der Stadt in der Nähe des Doi Suthep lebt, des höchsten Berges der ganzen Region.

Auf dem Weg dahin stoppt unser Fahrer seinen Toyota-Geländewagen bei einer Farm für Orchideen- und Schlangenzucht. Die Schlangen werden in Gruben gehalten, und die ganze Art der Präsentation ist ähnlich wie bei den Klapperschlangen-Farmen im Südwesten der USA, einschließlich der Show mit dreizehn verschiedenen Arten von Giftschlangen. Diese Zurschaustellung von Gift kann uns nicht in ihren Bann ziehen. Dazu ist sie zu theatralisch, zu sehr auf Wirkung abgestellt, und die Orchideen sind, obgleich von Hunderten unter gewaltigen Netzen gefangengehaltenen Schmetterlingen umschwärmt, auch nur einfach schön.

In der buddhistischen Kunst stellt man im Zentrum des Lebensrades die »drei Gifte« dar: einen Hahn (Sucht und Anhaften), der eine Schlange jagt (Haß und Abneigung), die wiederum einem Schwein nachjagt (Verblendung, Verwirrung, Gleichgültigkeit, Identifikation). Wenn jemand sich von diesen emotionalen Giften verzehren läßt, wird die Natur zum Objekt, zu etwas, das man ausschlachtet und zur Befriedigung von Gier, Macht und Ruhm ausnutzt. Ganz klar haben die drei Gifte die Weltherrschaft übernommen. Und es ist vielleicht ebenso klar, daß das übliche buddhistische Mittel zur Bekämpfung dieser Gifte – das Band zwischen Betrachter und dem Betrachteten zu lösen – nicht so richtig greift. Die Götter des Konsumkults sind im Kommen.

Wir setzen unsere Fahrt auf der Straße, die in die Berge führt, fort. Schon einer oberflächlichen Betrachtung offenbart sich die katastrophale ökologische Lage dieser Region. Unkontrolliertes Holzfällen und Brandrodungstechniken haben im Wald riesengroße Kahlschlag-Gebiete hinterlassen. Diese ganze Nordregion war einmal von Nadel- und Laubwäldern überzogen. Im Jahr 1961 waren immerhin noch 53 Prozent der Gesamtfläche bewaldet, doch inzwischen beschränkt sich der Baumbestand nur noch auf weniger als 20 Prozent. Illegaler Holzschlag nimmt stark zu, und nichts wurde zur Neubepflanzung jener Areale unternommen, die ihrer Bäume beraubt worden waren.

Über 400 000 Hektar (4000 Quadratkilometer) Wald gehen jährlich verloren, zusammen mit dem Großteil der Fauna, die im Schutz seines Blätterdachs lebt. Das Rhinozeros und diverse Rotwildarten sind inzwischen nahezu ausgestorben. Ja die meisten Großsäugetiere im nördlichen Thailand sind ganz verschwunden, darunter der wilde Wasserbüffel, Tiger, Panther, Leoparden und Schwarzbären. Die Affen-Populationen sind durch Jagd und durch geldgierige Händler, die sie als Haustiere verkaufen, dezimiert worden.

Wir kommen an ein paar Reisfeldern vorüber, die unerwartet saftig-grün sind, während hinter uns der größte Teil von Chiang Mai dadurch, daß Dorfbewohner ihre Felder abflämmen, in Rauch eingehüllt ist. Schließlich biegt der Toyota auf eine unbefestigte Straße ab, und wir fahren noch ein paar Kilometer, halten aber irgendwo an einem Kontrollpunkt an, wo der Wachmann uns mustert. Offensichtlich sind wir keine Opiumschmuggler oder illegale Holzfäller, und so läßt er uns mit einem müden Winken durch. Wir lassen den Toyota stehen und gehen auf einem schmalen Pfad in Richtung *Pah Paa,* offener Dschungel. Bald gelangen wir zu einem Dorf, ein paar Dutzend auf Pfählen errichteten Holzhütten mit sehr flachen Strohdächern. Unten drunter ist jeweils Platz, um Tiere, Schweine etwa, zu halten und Werkzeug aufzubewahren. Es ist sehr heiß, und nur einige wenige Dorfbewohner lassen sich blicken. Niemand schenkt uns sonderliche Beachtung, als wir uns nähern. Offensichtlich waren schon vorher Touristen zu Besuch da.

Vor dreißig Jahren wanderte dieser Stamm von den Bergen Burmas hierher, nachdem er ursprünglich vier- oder fünfhundert Jahre nach Buddhas Geburt aus Tibet gekommen war. Die Szenerie wirkt wie eine Art Disneyland-Show, in der man dem *Farang,* dem Ausländer, zeigt, welch einfaches Leben die Bergbewohner führen. Wir setzen uns unweit eines Stammesältesten nieder – ein alter Mann mit schmutzigem Sarong, der uns ohne Umschweife nach oben führt, damit wir uns auf einer Plattform hinsetzen, die uns einen Ausblick über das kleine Tal vergönnt. Unter uns gehen drei junge Mädchen, ernst und wunderschön, von einem Haus zum andern. Da sie noch Jungfrauen sind, tragen sie weiße, hochgeschlossene Kleider. Ich frage mich, ob demnächst die eine oder andere von ihnen an die Bordelle von Patpong verkauft werden wird, kein ungewöhnlicher Vorgang hier im Norden.

Wir bieten die obligatorischen Zigaretten an und machen ein paar Polaroid-Schnappschüsse, um sie herumgehen zu lassen. Dies löst einen kleinen Auflauf aus, doch das Ritual ist offensichtlich schon bekannt.

Die Frauen tragen schweren Silberschmuck, und mehrere von ihnen rauchen Pfeife. Es heißt, dieser Stamm betreibe Opiumanbau, doch weit und breit sehe ich keine Spur von einem Mohnfeld.

Nachdem wir eine Stunde lang dagesessen haben, bleibt uns nicht viel anderes übrig, als wieder aufzubrechen. Wir sind keine Anthropologen, und da wir nichts weiter anzubieten haben, bekommt unsere Anwesenheit etwas Peinliches. Verunsichert gehen wir den Weg durchs Dorf zurück und dann den Pfad entlang, der zum Toyota führt. Mir fällt auf, daß ich überhaupt nicht gefragt habe, ob sie Buddhisten sind, doch über unseren Reiseführer erfahren wir später, daß sie Animisten geblieben sind, obgleich mehrere andere Stämme Christen geworden sind.

Im *Dhammapada* sagt der Buddha:

> Denke genau nach, vermeide Übles;
> wende dich ab von Irrlehren, entsage der Welt ...

Doch dürfen wir der Welt entsagen? Falls Siddhārtha heute geboren würde und aufs neue die Wahl hätte, entweder ein Buddha zu werden oder ein Chakravartin (Weltenherrscher), was würde er wählen? Erleuchtung oder universale weltliche Macht? Welche Wahl brächte angesichts des heutigen Zustands der Welt den größten Nutzen? Klar, seine Unterweisungen verschaffen uns Zugang zu ewigen Wahrheiten und sind daher universal. Doch die Frage bleibt bestehen: Wäre nicht ein erleuchteter Weltregent ein besserer Chirurg für die Gebrechen der Welt im Vergleich zu individuellen Methoden der Verwirklichung von Nicht-Selbst, von Nirvāna?

Wenn wir ein Zeitalter des generellen Niedergangs voraussetzen, in dem wir uns allem Anschein nach heutzutage befinden – das Kali-Yuga, ein von Seuche, Hungersnot und Krieg gekennzeichneter Zeitabschnitt, der als »das Ende vom Ende« beschrieben worden ist –, welche Sprache würde der Gesegnete geschickt nutzen, um den Untergang dieser Welt abzuwenden? Im Unterschied zu den physischen Bedingungen, die zu seiner Zeit vorlagen, scheint jetzt die Natur selbst vom Untergang bedroht zu sein. Wenn wir das so sehen, worin liegt dann die Bedeutung meditativer Praktiken innerhalb der modernen Welt, insbesondere, wenn die »Weltuntergangs«-Uhr zwei Minuten vor Mitternacht anzeigt? Dürfen wir dann noch unsere Zeit in Abgeschiedenheit und Kontemplation verbringen – selbst unter der Voraussetzung, daß wir, natürlich, nicht bloß unsere eigene Erleuchtung anstreben, sondern zugleich die aller anderen Lebewesen? Ist Erleuchtung wichtiger, als die Welt zu retten? Oder ist Erleuchtung die einzige Möglichkeit, die Welt zu retten?

Thich Nhat Hanh sagt: »Meditation ist kein Aussteigen oder Ausbrechen aus der Gesellschaft, sondern das Sich-Vorbereiten auf ein Wiedereintreten in die Gesellschaft. Wir nennen das ›engagierten Buddhismus‹.«

Im Buddhismus gilt das Interesse nicht nur dem ganz persönlichen eigenen Geschick, sondern dem Leben und Bewußtsein aller Wesen. Dies bringt notwendigerweise ein Interesse an sozialen und politischen Angelegenheiten mit sich, und diesen widmet der Buddha in seinen Unterweisungen, wie sie im Pāli-Kanon aufgezeichnet sind, einen Großteil seiner Aufmerksamkeit. Jeder Versuch, Buddhismus unter Nichtberücksichtigung seiner sozialen Dimension zu verstehen, ist in grundlegender Weise falsch. Solange westliche Buddhisten dies nicht verstehen, wird ihr Bekenntnis zum Buddhismus den Anstrengungen, eine sinnvolle und positive soziale Veränderung herbeizuführen, oder auch nur ihrem Bemühen um Transformation des Egos nicht sehr viel weiterhelfen.

SULAK SIVARAKSA

Es wird Zeit, daß wir in den Innenstädten meditieren. Zeit für die Siegreichen (die Buddhas), sich in den Myriaden von Höllen- und Hungergeist-Welten des Planeten ihre Hände schmutzig zu machen. Zeit für Mönche und Nonnen, die Abhängigkeiten von der Droge Fernsehen und die Annehmlichkeiten von anonymer Gleichschaltung zu verstehen. Zeit für spirituelle Krieger, den Giftmüll einer zusammenbrechenden Ökologie zu schmecken. Falls für all das noch irgendwelche »Zeit« bleibt.

BURMA

> Dies ist Burma, und es wird ganz und gar nicht
> irgendeinem Ihnen bekannten Land ähneln.
>
> RUDYARD KIPLING

AM NÄCHSTEN MORGEN NEHMEN WIR GLEICH DEN ersten Flug nach Bangkok und anschließend den einstündigen Flug nach Rangun, oder Yangun, wie es jetzt genannt wird, der Hauptstadt des so erstaunlich eigenbrötlerischen und repressiven Landes Myanmar, früher Burma.

Schon der Flug ist wie der Übergang in eine andere Zeit. Ein jeder sieht finster und abgerissen aus. Bordservice nichtexistent, der Flieger alt und schrottreif.

Der Flughafen Mingaladon ist noch eine Stufe antiquierter, kleiner und weniger gut ausgestattet als die Flughäfen irgendwelcher kleiner Städte in den USA. Einige wenige Propellermaschinen und ein kleines, eingeschossiges Gebäude – nichts sonst weist darauf hin, daß es sich hier um den einzig offiziellen Zugang zu Burmas Hauptstadt mit ihren drei Millionen Einwohnern handelt. Drinnen in dem Gebäude ein wahnwitziges Chaos von Passagieren, die sich, vorbei an Spalieren von hölzernen Schreibtischen, ihren Weg bahnen und dabei endlose Formulare in dreifacher Ausfertigung ausfüllen, zwischen deren Blättern Kohlepapier einliegt, das so dünn und abgenutzt ist wie die Flügel eines toten Moskitos. Ein paar Deckenventilatoren halten die feuchtheiße Luft über der lärmenden Meute in Bewegung, die von leidenschaftslosen, aufreizend bürokratischen Beamten abgefertigt wird.

Wir werden glücklicherweise von Rosie, unserer Reiseführerin, abgeholt, einer netten, ruhigen Frau mittleren Alters in grüner Uniform, die es irgendwie schafft, uns durch den Zoll und dann durch eine kaputte Tür zu einem altertümlichen Ford Baujahr 1952 zu dirigieren.

Als der Fahrer den alten Wagen aus dem Flughafengelände heraus und dann auf einen breiten, von rosarot blühenden Oleanderbäumen gesäumten Boulevard steuert, treten wir ein in eine andere Welt – das genaue Gegenteil von Bangkok. Uns kommen fast die Tränen vor Nostalgie: Auf der Straße nur ein paar Oldtimer, vorwiegend Fords, Chevrolets und Hillmans; sie alle kutschieren, wie auch wir, mit einer Geschwindigkeit von nicht mehr als dreißig Stundenkilometern herum. Noch vor fünf Jahren gab es lediglich ein paar Hundert Autos in Rangun, jetzt sind es einige wenige Tausend, doch immer noch erscheint uns das Verkehrsaufkommen schokkierend gering, und – etwas wirklich Dramatisches – es herrscht überhaupt kein Lärm, gibt keinerlei Anzeichen von Kommerz, keine Industrie und, mindestens so schockierend, keine Touristen.

Im weichen Licht der Abenddämmerung fahren wir vorüber an Männern und Frauen, die, in *Longhis* (Sarongs) gekleidet, ganz gemächlich dahinschlendern; an älteren Leuten, die es sich vor den geometrisch gemusterten Strohmatten-Häusern gemütlich gemacht haben; an einer alten Frau, die, an ein Gebäude gelehnt, einen dicken Stumpen pafft; an einer Reihe von Mönchen in gelben Roben, die im Gänsemarsch schweigend hinter einem Grüppchen von Schulkindern in schwarzweißen Schuluniformen hergehen.

Wir biegen auf einen anderen breiten Boulevard ein, vorbei an verfallenen, im Edwardianischen Stil erbauten Herrenhäusern hinter wildwüchsigen Vorgärten; Hinterlassenschaften der Briten, die 1853 Burma erst zur Hälfte eroberten, dann 1886 die vollständige Oberhoheit durchsetzten und die Regierungsgewalt bis 1937 innehatten, als Burma ein Sonderstatus innerhalb des britischen Empires eingeräumt wurde. Schließlich erhielt es 1948 völlige Unabhängigkeit.

Wir sind in einen Traum hineingelangt, in ein Land ohne zeitgenössische Konturen, in eine Welt ohne Hochhäuser, ohne Fernsehantennen, ohne glitzernde Hiltons oder Sheratons. Selbst die verwaschenen Reklametafeln mit Zahnpastawerbung und handgemalten asiatischen Filmstars sind wie romantische Halluzinationen der 50er Jahre.

Der alte Ford biegt um eine Ecke. Dort vor uns auf der Anhöhe von Singuttara, über einem Vordach aus Bäumen, bekommen wir für einen Augenblick die Shwedagon-Pagode zu Gesicht, die mit der Spitze ihres Stūpa golden in die sich herabsenkende Dunkelheit der tropischen Nacht hineinschimmert. Der Legende nach ist die Pagode zweieinhalbtausend Jahre alt und birgt in sich acht Haare des Buddha wie auch weitere Reliquien von vorherigen Buddhas. Als der große buddhistische Regent Ashoka im dritten Jahrhundert vor unserer Zeitrechnung aus Indien nach Burma kam, veranlaßte er umfangreiche Reparaturen an der Pagode und ließ den alles zuwuchernden Dschungel abholzen. Alle auf ihn folgenden buddhistischen Könige ließen weitere Verschönerungen vornehmen – bis zum Jahr 1768, als König Hsinbyushin sie nach einem Erdbeben zu ihrer jetzigen Höhe von gut 99 Metern wiederaufbauen ließ.

Doch von diesem ganzen Hintergrund wissen wir momentan noch nichts, und Rosie beläßt es glücklicherweise dabei. So können wir uns, unbelastet von begrifflichen Konzepten oder Vorkenntnissen, ganz der Erfahrung dieser goldenen Pagodenspitze überlassen, dieser auf das Wesentliche konzentrierten Gestaltung eines spirituellen Aufwärtsstrebens, die uns unmittelbar auf einen sich verdunkelnden und leeren Himmel verweist.

Unser Hotel, das Inya Lake, bringt uns wieder zurück zu »abhängigem Entstehen«, wie die Buddhisten sagen, zu weltlicher Bedingtheit. Das Inya Lake ist ein massiver Betonklotz, in den Mittsechzigern von den Russen erbaut. Es verfügt über den ganzen Charme nach-neostalinistischer Architektur, von den grimmigen Angestellten am Empfang in der weitläufigen, leeren Eingangshalle bis zum großangelegten, neonbeleuchteten Ballsaal am Ende eines langen, rechteckigen Korridors. Bei Rucksacktouristen und anderen unerschütterlichen Abenteuerreisenden heißt es, wenn sie vom Inya Lake reden, nur »der Bunker«.

Unser Zimmer bleibt hinter der Ästhetik der Empfangshalle um keinen Deut zurück, ja es übertrifft sie sogar. Die Ausstattung ist reinster südkalifornischer Motel-Kitsch der fünfziger Jahre. Die Klimaanlage klappert und bringt nur eine zarte Andeutung von Kühlung zuwege, die Toilette funktioniert gar nicht. Die merkwürdige Kiste in der Ecke, die eigentlich als Kühlschrank dienen sollte, erfüllt ihren Zweck ebenfalls nicht. Das Schwarzweißgerät bietet zwei nationale Fernsehsender, deren Programm abends um halb acht beginnt und um halb zehn zu Ende ist, immer mit demselben Sprecher, der vom vorbereiteten Manuskript zensierte Nachrichten abliest, die wir natürlich nicht verstehen, da wir kein einziges Wort Burmesisch sprechen. Doch so schnell wollen wir uns nicht entmutigen lassen. Statt dessen erfreuen wir uns am speziellen Charme der ganzen Präsentation, selbst am durchhängenden Doppelbett und dem dreibeinigen Plastiktisch.

Lynn hält ein Nickerchen, während ich in der Empfangshalle rumhänge, stets eine meiner bevorzugten Arten von Zeitvertreib. Ich setze mich auf eins der großen, der Eingangstür zugewandten Sofas mit Kunstlederbezug. Die Eingangshalle ist leer, abgesehen von drei japanischen Geschäftsleuten, die sich, in gleichartige graue Anzüge gekleidet, die armselige Auslage des Touristenladens angucken. Ihr spezielles Interesse gilt einem Satz Briefmarken, den die Japaner während des zweiten Weltkriegs herausgebracht hatten, als sie Burma besetzt hielten. In Rangun scheint es mehr Touristen aus Japan als aus irgendeinem anderen Land zu geben. Der Flughafen war voll von ihnen. Vorwiegend ältere Leute, die in organisierten Gruppen mit neuen, klimatisierten Kleinbussen umherreisen, so wie sie auch ihre Touren durch Indien und Südostasien machen, im sühnenden Gedenken an die Kriegsgefallenen des zweiten Weltkriegs und zwecks organisierter Pilgerreisen zu diversen Verehrungsstätten wie Lumbinī und Kapilavastu in Nepal, dem Geburtsort des Buddha, Bodhgayā in Indien, wo der Buddha Erleuchtung erfuhr, aber auch zu berühmten buddhistischen Heiligtümern in Thailand, Burma, Sri Lanka, und nach Borobudur in Indonesien.

Zwei burmesische Generale, ihre Revers mit Medaillen vollgehängt, kommen mit Herrengehabe hereingerauscht, gefolgt von ihren Gattinnen, deren rundliche, wohlgenährte Körper in purpur und gelb gefärbte Sarongs gehüllt sind. Das bringt mir wieder in Erinnerung, daß das Land unter der Kontrolle einer Militärdiktatur steht – des Staatsrates zur Wiederherstellung von Recht und Ordnung (SLORC) – und daß nur ein paar Kilometer entfernt Aung San Suu Kyi unter Hausarrest gestellt ist.

Als Tochter von Aung San, Burmas Nationalhelden, der dem Land 1948 zur Erlangung der Unabhängigkeit verhalf, betrat Aung San Suu Kyi 1988 das politische Parkett, nach dem Rücktritt von Ne Win, dem autokratischen General, der Burma seit 1962 regiert und ins Chaos gestürzt hatte. Die Armee inszenierte zur Festigung ihrer Machtposition eilends einen Staatsstreich, und ein Gutteil der Bevölkerung ging in spontanen Demonstrationen gegen sechsundzwanzig Jahre politischer Unterdrückung und wirtschaftlichen Niedergangs auf die Straße. Zur selben Zeit gründete Aung San Suu Kyi mit zahlreichen Sympathisanten die Nationale Liga für Demokratie (NLD). Notgedrungen stellte die herrschende Junta sie unter Hausarrest.

Im Jahr 1990 wurden Wahlen abgehalten, vom Staatsoberhaupt General Saw Maung in die Wege geleitet, der offenbar glaubte, aus den Wahlen werde eine Vielparteien-Koalition hervorgehen, die sich von der Junta leicht kontrollieren ließe. Doch das Gegenteil war der Fall. Obgleich Aung San Suu Kyi sich immer noch unter Hausarrest befand, gewann die NLD über 80 Prozent der Wählerstimmen – für den SLORC Grund genug, per Dekret zu verfügen, daß Aung San Suu Kyis Kandidatur ungültig war.

Zunächst einmal erscheint Burma mir ein geeignetes Beispiel dafür, welch ein romantisches Verhältnis ich zu Erosion und Niedergang in der Politik habe. Wie bin ich doch angezogen von Auflösung und sogar von Umsturz. Ich fühle mich freier, mir ist wohler zumute, wenn das Bestehende in eine Phase des Umbruchs gerät. Doch dieses Gefühl von Befremdung angesichts von äußerer Ordnung und Disziplin ist die privilegierte Sicht des Außenstehenden.

Diese fetten, arroganten SLORC-Generäle, denen sich nun ein Dutzend weitere hinzugesellt haben, offenbar auf dem Weg zu einer Feier oder einem Empfang im Hotel, sind mir irgendwie ein Greuel. Und doch bin ich auch fasziniert. Und diese Faszination mündet, während ich noch in der kahlen Eingangshalle sitze, in Empörung und dann zwangsläufig darin, daß ich mich gespalten fühle. Dies ist das Gegenteil von Einheit, von dem, was aus der dharmischen Wahrheit folgt. Ich denke an das Beispiel, das der Dalai Lama uns gibt, der fähig ist, seine Feinde, die Chinesen, in Weisheit und Mitgefühl zu lieben, selbst als sie, in besinnungslosem völkermörderischem Wüten, mehr als eine Million Menschen aus seinem Volk getötet haben. Ich versage schon beim allersimpelsten Beispiel, an dem ich Karunā, Mitgefühl, üben könnte – bei Leuten, die, streng genommen, gar nicht meine Feinde sind.

Aung San Suu Kyi hat in ihren Schriften eine generelle politische Einschätzung abgegeben:

> Warum hat es Burma mit seinem im Überfluß vorhandenen natürlichen und menschlichen Reichtum nicht geschafft, die Verheißung früherer Tage, eine der schwungvollsten und am schnellsten sich entwickelnden Nationen in Südostasien zu sein, einzulösen? ... Die Menschen in Burma, die keinen Zugang zu komplizierten akademischen Materialien hatten, sind zum Herzen der Dinge vorgedrungen, indem sie sich an die Worte des Buddha über die vier Ursachen von Niedergang und Verfall gehalten haben: das Versäumnis, wiederzugewinnen, was man verloren hat; die Unterlassung, wiederherzustellen, was beschädigt worden ist; die Mißachtung der Notwendigkeit angemessenen Wirtschaftens; das Einsetzen von Männern ohne Moral oder Bildung in Führungspositionen.
> Auf die Bedingungen unserer Zeit übertragen: Als die demokratischen Rechte an eine Militärdiktatur verlorengegangen waren, sind keine hinreichenden Anstrengungen unternommen worden, diese wiederzuerlangen; den Verfall moralischer und politischer Werte hatte man zugelassen, ohne gemeinsame Anstrengungen, die Situation zu retten, dagegenzusetzen; die Wirtschaft war miserabel geführt worden; und das Land von Männern ohne Integrität und Weisheit regiert worden.

Natürlich liegt Ironie darin, daß Aung San Suu Kyi, falls sie mit ihren Reformen Erfolg hätte, damit all den westlichen Giften, gegen die Sulak Sivaraksha sich so beredt verwahrt, die Tür öffnen würde. Kein Zweifel, dies ist ein Risiko, das man wohl in Kauf nehmen muß, aber dennoch ist das Endergebnis nicht notwendigerweise positiv.

Die Eingangshalle hat sich mit noch weiteren Offizieren und gut gekleideten Zivilisten gefüllt, die sich nun allmählich zu dem großen Empfangsraum im hinteren Teil des Gebäudes hin aufmachen. Ich verdrücke mich wieder in unser Zimmer.

Am nächsten Morgen machen wir eine kleine Rundfahrt durch die Innenstadt von Rangun. Dort begegnet man an Straßenkreuzungen einer etwas größeren Zahl von Autos, darunter sogar neue japanische Toyota-Geländewagen. Rosie erklärt uns, der Grund dafür sei, daß jeder burmesische Seemann ein Auto pro Jahr ins Land einführen darf, das er dann weiterverkauft. Jetzt will jedes Mädchen in Rangun einen Seemann heiraten.

Es ist drückend heiß, doch die Stadt scheint sich bereitwillig darauf einzulassen, entgegenkommend und passiv wie eine verlebte alte Hure. Kein Gedränge, keine Eile, sehr wenig Verkehr. Überall Bäume, und die breiten, schattigen Straßen sind rechtwinklig angelegt, wie das in britischen Kolonien gang und gäbe ist. »Keine Eile, keine Sorge«, wie es in den Glücksplätzchen der Taoisten heißt.

Wir sehen uns in ein paar Buchläden um, finden aber keine neuen Bücher, fast gar nichts über Burma und erstaunlich wenig über Buddhismus. Der Großteil des Buchbestands sind englische Romane aus dem achtzehnten und neunzehnten Jahrhundert: Trollope, Dickens, Hardy, Austen – gute Verandalektüre für englische Kolonialisten, die während der heißen und regnerischen Jahreszeit auf ihren Anwesen wie in einer Falle festsaßen.

Wir besuchen die Chauk-Htat-Gyi-Pagode mit ihrem enormen, jüngst erbauten, siebzig Meter messenden liegenden Buddha unter einer großen, halboffenen Wetterschutz-Konstruktion, einer Art Eisenbahnschuppen. Nur ganz wenige Pilger sind da. Ungeachtet seiner Größe finde ich, daß der Buddha spirituell eher leblos wirkt, sein Gesichtsausdruck nichtssagend und ohne Tiefe, als sei er für das *Guinness Buch der Rekorde* geschaffen worden – anderthalb Meter größer als der berühmte liegende Buddha in Polonnaruwa auf Sri Lanka.

Jedenfalls muß er die Gemeinde eine Menge Kyat gekostet haben, besonders wenn man bedenkt, daß Burma, gemessen am Pro-Kopf-Einkommen, eine der zehn ärmsten Nationen der Welt ist.

Wir scheinen physisch abzubauen, als zehrten die Hitze und die befremdende Erfahrung, in diesem altmodischen Land, dessen Entwicklung vorsätzlich zum Stillstand gebracht worden ist, in eine andere Zeit versetzt worden zu sein, an unserer Energie. Für eine Verschnaufpause begeben wir uns zum »Strand«, einem in der Stadtmitte zu findenden Hotelbau der Jahrhundertwende mit aschfahler Stukkatur, von dem das Reisebuch verspricht, daß er dem Raffles in Singapur und dem Oriental in Bangkok ebenbürtig ist. Außerdem, wird an gleicher Stelle hervorgehoben, waren die Gebrüder Sarkie, die das Hotel erbauen ließen, zugleich Eigentümer des Raffles (»das Savoy des Ostens«). Nicht nur das, sondern zu seinen erlesenen Gästen gehörten Großherzog Cyril von Rußland und William Taft, ein früherer Präsident der Vereinigten Staaten, ebenso wie die übliche Liste der alten Asien-Liebhaber: Somerset Maugham, Joseph Conrad und Graham Greene.

Noch einmal werden wir in ein anderes Zeitalter hineingeführt. Obgleich man an der Außenwand des Gebäudes für Reparaturarbeiten ein primitives Holzgerüst errichtet hat, sehen drinnen selbst die tiefen Rattan-Sessel und die rissigen Ledersofas überhaupt nicht danach aus, als seien sie auch nur einen einzigen Zentimeter zur Seite gerückt worden, seit Somerset Maugham für ein Glas frischer Limone mit Mandalay Rum – ohne Eis – in die Hände geklatscht hat. Ein Deckenventilator bringt kaum Bewegung in die heiße, stickige Luft über den abgespannten Geschäftsleuten, die an den runden Tischen sitzen. Ein junges deutsches Pärchen, offensichtlich abgehärtete Rucksacktouristen, sitzt uns gegenüber. Die beiden zählen ihre Kyats durch und bieten uns dann einen Tausch gegen Dollars an, da sie auf dem Weg nach Laos sind und Burma ohne jedes bißchen Landeswährung verlassen wollen, die ja außerhalb des Landes buchstäblich keinen Wert hat.

Während wir das Geschäft abwickeln, unterhalten wir uns über Gerüchte, die wir in Bangkok gehört hatten, den Umgang des SLORC mit AIDS-Opfern betreffend – angeblich die sofortige Hinrichtung durch Cyanid-Injektionen; daher auch das Nichtvorhandensein von AIDS in Burma. Sie berichten uns, gegen verschiedene aufständische Volksstämme – in der Hauptsache sind es sieben – gehe die Regierung so vor, daß sie aus der Luft Agent Orange und andere Herbizide mit verheerender Wirkung über den landwirtschaftlichen Anbauflächen versprühen läßt, wodurch die Ernten vernichtet und viele von ihnen gezwungen werden, an der östlichen Landesgrenze auf das andere Flußufer des Salween in thailändische Internierungslager zu flüchten. Trotz dieser katastrophalen Gerüchte lieben sie Burma und sind offenbar komplett davon begeistert, daß es die übliche Litanei moderner Mißstände, die die übrige Welt plagen, hier nicht gibt: vom Konsumwahnsinn über Überbevölkerung, Umweltverschmutzung und all die »zeitsparenden« Entwicklungen wie Fast food, schnellere Transportmittel, durch das Fernsehen erfolgende Wirklichkeitsreduzierung und die Eilbefriedigung all unserer Gelüste. Das ist ein Tausch, den sie offenbar einzugehen bereit sind; doch wenn ihre zwei Wochen vorüber sind, werden sie nach Deutschland zurückfliegen und ihr mittelständisches Leben in Hamburg, wo sie ein Computergeschäft betreiben, wieder aufnehmen. Im Aufstehen verabschieden sie sich von uns und marschieren wieder raus in die sengende Hitze, machen sich auf den Weg zum Bahnhof und einer Dritte-Klasse-Fahrt nach Mandalay.

Hinter uns sitzen einige Büroangestellte an einer Reihe von altertümlichen hölzernen Schreibtischen und tippen lustlos auf riesigen Unteranschlag-Schreibmaschinen Marke Remington. Die ganze Szenerie erinnert mich an ein Hotel in Kalkutta oder an eins der alten kolonialen Gasthäuser an einem Bahnhof in den Bergen Nordindiens. Ein anderes Zeitalter, ein anderes Ordnungsverständnis, zusammengemischt zu einer surrealen Präsentation von verrottetem, miserabel aufrechterhaltenem Komfort.

Lynn geht zur Toilette und wird dabei von einem Kellner begleitet, weil die Damentoilette nicht funktioniert und er deshalb vor der Herrentoilette Wache stehen muß, während sie hineingeht.

Ich hole mir eine Ausgabe des *Guardian,* einer von

zwei Tageszeitungen in Rangun; *Working People's Daily* ist die andere. Beide werden von der Regierung herausgegeben, und beide sind hochgradig zensiert. Mein Auge fällt auf einen Leitartikel:

> Myanmars Militärbefehlshaber haben – im Rahmen einer weiteren hart durchgreifenden Maßnahme gegenüber westlichen Einflüssen in ihrem Land – Teenager festgenommen, die in Yangun T-Shirts mit Abbildungen fremder Landesflaggen trugen, berichtet ein Geschäftsmann aus Myanmar.
>
> An Kaufleute in Yangun ist außerdem Weisung ergangen, den Verkauf von T-Shirts einzustellen, die mit Abbildungen von westlichen Heavy Metal Rockbands oder von sexy aussehenden Pärchen versehen sind, teilte der Geschäftsmann mit, der Wert darauf legte, diese Aussage anonym zu machen.
>
> Diese einschneidenden Maßnahmen betreffen nicht nur T-Shirts, sondern generell solche Kleidung, die ausländische Fahnen zeigt, insbesondere die amerikanische Nationalflagge und den britischen Union Jack, sagte er. Geschäfte, die Video-Cassetten verleihen, sind seit Januar ebenfalls von Razzien betroffen gewesen, bei denen westliche Filme beschlagnahmt wurden, sagte er. Einige Inhaber von Videoläden wurden verhaftet, fügte er hinzu.
>
> Westliche Kleidung und Video-Cassetten werden größtenteils aus Thailand importiert.

Statt darüber amüsiert zu sein, bin ich plötzlich von Gefühlen überwältigt, als ich an Ayrev denke und daran, daß wir ihm von unseren Reisen gewöhnlich aus solch entlegenen Ecken wie Grönland, Nicaragua und Westaustralien exotische T-Shirts mitbrachten. Seine Kollektion hängt immer noch säuberlich aufgereiht in seinem Schrank des Hauses in Hudson, New York, das wir nicht zuletzt gekauft hatten, weil er immer einen Zufluchtsort haben sollte, während er sich auf seine Weise in der Welt zurechtfindet.

Bislang hatten wir noch nicht den Mut, seine T-Shirts an seine Freunde abzugeben: So als hätten wir Angst, daß in dem Moment, da seine Kleidungsstücke und sonstigen Sachen verschwunden sind, zugleich ein wesentlicher Teil von ihm nicht mehr da sein wird. Was wir unter anderem mit dieser Pilgerreise, wenn es denn eine ist, erreichen wollten, war die Befähigung dazu, diese Dinge von einer höheren Warte aus betrachten zu können, all diese nachhaltigen Anhaftungen überwinden und unser persönliches Leid in einen umfassenderen Kummer einreihen zu können: den Kummer dieser Welt, wo Tag für Tag Millionen Kinder sterben, wo in den USA alle zwölf Minuten jemand bei einem Autounfall ums Leben kommt und schließlich, unabänderlich, wo man leichthin mit der Wahrheit lebt, daß »alles, was geboren wurde, keinen Bestand hat und zum Sterben verurteilt ist«.

Lynn kommt zurück, und wir essen burmesisch-chinesisch zu Mittag, eine breiig verkochte Gemüsezubereitung mit Kartoffeln, die uns wie Blei im Magen liegt. Wir fahren zu unserem Hotel zurück, um uns für einen Besuch der Shwedagon-Pagode auszuruhen, dem Hauptmotiv für unser Kommen nach Rangun.

In der kühlen Abendwitterung streifen wir unsere Schuhe ab und steigen die überdachten Stufen zur Pagode empor. Zu beiden Seiten werden in kleinen Lädchen Blumen zum Verkauf angeboten, die man dem Buddha opfern kann, ferner kleine Buddha-Darstellungen, Räucherstäbchen, religiöse Bücher und antike Objekte. Es ist dunkel unter der Überdachung, die Besucherschar angenehm ruhig, die Luft von Jasmin- und Sandelholzduft erfüllt. Der lange Aufstieg über so viele Stufen übt eine eigentümliche Wirkung aus. Er scheint uns gelassen zu machen, uns in gewisser Weise als eine Vorbereitung zu dienen, als legten wir mit jedem Schritt ein Stück von unserem konzeptbelasteten Geist ab, um mehr und mehr eins zu werden mit der sanftmütigen Menge, die die Stufen hinauf- und hinabsteigt. Jede Bewegung, jede Geste, jeder Ton um uns herum wird bedächtiger, als sei dies Teil eines kollektiven Rituals, so althergebracht, daß seine Abläufe sich frei von allem religiösen Getue ganz absichtslos vollziehen.

Wir treten hinaus aus der Dunkelheit. Vor uns die vergoldete Pagode, die über die glockenartige Form des unteren Teils des Stūpa (Buddhas mit der Öffnung nach unten gewendete Bettelschale) aufragt; und um sie als strahlenden Mittelpunkt kranzförmig angeordnet die kleineren Pagoden, Statuen und *Tazaungs* (Schreingebäude).

Wir haben eine magische Buddha-Welt betreten, eine Gemeinschaft aus gemächlich voranschreitenden Pilgern und dem Buddha Verehrung erweisenden Menschen, die alles zu umfassen scheint, von Mönchen, die eine um die andere Runde um den Stūpa zurücklegen, über Geschäftsleute, die ihre Deals aushandeln, bis zu kompletten Familien, die plaudern und Snacks verzehren, Kindern, die ihre Kreise drehen, dösenden alten Männern und Frauen, Beratung anbietenden Astrologen, fasziniert dreinblickenden und in Reiseführern blätternden Touristen, Menschen in schweigender Meditation, anderen, die schlafen, Studenten, die lesen oder debattieren; alle Altersgruppen sind vertreten, schreitend, schlurfend, Niederwerfungen ausführend, hüpfend, sinnierend, kontemplierend. Einfach da. Um dies alles herum Gelächter, Glocken, volltönende Gongs, Vogelgesang, Mönche beim Singsang ihrer Gebetsrezitation. Es ist wie ein von den Göttern gesegnetes Zauberdorf. Und obendrüber das, was alldem Zusammenhalt gibt, der gigantische Stūpa mit seinen 28 000 Paketen Blattgold, die alle zehn Jahre erneuert werden, und das *Hti,* der Schirm, an der Spitze, an dem Glocken aus Gold, Silber und Juwelen hängen, die in der erleuchteten Luft läuten und bimmeln. Alles, womit einen dieser geheiligte Bereich zärtlich umfängt, ist kindlich, unschuldig und ungemein weit, endlos weit.

Wir schließen uns der magisch-traumhaften Menge an, schreiten im Uhrzeigersinn auf grauen und weißen, jetzt in der Abendluft kühlen Marmorfliesen den gigantischen Kreis um die Pagode ab. Ich spüre zum ersten Mal auf dieser Reise, daß ich mich in einer lebendigen Zuflucht befinde, einem Ort des Geistes, wo jeder Gedanke, jede Leidenschaft, jede Emotion zu einer Opfergabe wird; all die Trauer der vergangenen Monate, der Schmerz und das Sich-losreißen-Müssen, die Angst und selbst dieser eigenartig überwache Zustand, in den dich die Erfahrung eines sich tief in dein Inneres bohrenden Verlustes versetzen kann, wird dir an diesem Ort abgenommen wie durch eine unpersönliche und doch so innige Umarmung.

Lynn hört auf, mit fixierendem Blick zur Pagode hinaufzuschauen. Aus der Sicht ihres Fotografinnen-Auges stellen der Himmel und die Spitze der Pagode einen speziellen Zusammenhang dar, eine ausgewogene Unterteilung in positive und negative Bildfläche. Aber welcher Teil ist positiv? fragt sie sich. Welcher ist negativ?

Lichter gehen an, die aufleuchtenden Kerzen, Glühbirnen, Neonlichter und die Technicolor-Farbenpracht des Abendrots tauchen das kräftige Rot, Purpur, Gelb und Grün der burmesischen *Longhis* und die glitzernden Schreine und Statuen in sanftes Licht, in dem immer auch der aus der Mitte kommende goldene Schimmer der Pagode mitschwingt.

Ungeachtet des ganzen Treibens ist alles ruhig und harmonisch. Keine Unterscheidung zwischen ruhigem Verharren, Anhalten, Pausieren oder Weitergehen. Geräusch ist zu Lautlosigkeit geworden, Bewegung ist zu Bewegungslosigkeit geworden, Sprechen ist zu Gebet geworden.

Lynn entfernt sich mit ihrer Kamera, viel zu sehr im Bann dieses Ortes, als daß sie den Apparat wirklich auf irgend etwas richten könnte. Ich sitze vor einer glitzernden Schreinhalle, die Konagāmana, dem zweiten Buddha*, gewidmet ist.

* Diese Zählung nimmt darauf Bezug, daß nach buddhistischer Überlieferung Buddha Shākyamuni, der historische Buddha unseres Zeitalters, keineswegs der erste oder einzige Buddha gewesen ist. Vielmehr werden in alten Schriften diejenigen Buddhas aufgeführt, die in vergangenen Zeitaltern menschliche Gestalt angenommen haben. (A.d.Ü.)

Mit jedem Ein- und Ausatmen merke ich, wie ich ruhiger werde. All dies störanfällige geistige Rotieren auf Hochtouren, die endlose Kette von Ablenkungen, die Abhängigkeit von den »Segnungen« des Informationszeitalters, die zunehmende Beschleunigung meiner Welt, in der für nichts mehr wirklich Zeit bleibt, gerät aus ihrer bisherigen Bahn, dieser manischen Reise zum unausweichlichen Kollaps, und wird, für einen Moment, zu einer Spirale der Erneuerung.

Ich denke nicht einmal an ein hierauf zutreffendes Zitat, wie etwa dieses aus dem *Suttanipata:* »Derjenige, der davon Abstand nimmt, sich störend in Dinge einzumischen, ist überall sicher.« Ich denke nicht einmal an Ayrev oder Lynn. Ich denke gar nicht. Und dann wieder, natürlich, denke ich und halte Ausschau nach Lynn und frage mich, was sie wohl gerade fotografiert, und mustere einen weißbärtigen alten Chinesen, der vor sich hinmurmelt und in einer Art bizarrer Kriyā, spontaner Geste, seine Hand gegen seinen Kopf klatschen läßt – und die Welt infiltriert wieder meinen Geist nach dieser »Unterbrechung zugunsten einer durch nichts beeinträchtigten Aufmerksamkeit«.

> Wenn man Zeit sehr genau analysiert, gibt es da keine Gegenwart in des Wortes wahrer Bedeutung; bloß Vergangenheit und Zukunft, keine Gegenwart! Das Verständnis von Gegenwart, das wir haben, ist eine begriffliche Übereinkunft. Selbst wenn man einen Computer oder ein anderes Gerät einsetzte, um Zeit zu unterteilen und dann zu analysieren, ob es da eine Gegenwart gebe oder nicht, würde man herausfinden, daß es sie nicht gibt.

»Gegenwart« ist ein relativer Begriff. Obgleich es in der Erfahrung nichts als die Gegenwart zu geben scheint, erfahren wir tatsächlich bloß die Illusion der Gegenwart.

TENZIN GYATSO,
DER VIERZEHNTE DALAI LAMA

* * *

Lynn verliert zusehends an Kraft. Möglicherweise ist sie durch ein Zusammenwirken von Hitze, Alpträumen, minderwertigem Essen und Erschöpfung sogar ernstlich krank. Doch sie ist zum Durchhalten entschlossen, denn sie weiß, eine Unterbrechung gerade in diesem Moment würde bedeuten, daß wir den Rest der Reise vergessen könnten. Wir haben noch einen Tag in Rangun, und nach einem weiteren Besuch der Shwedagon-Pagode fragen wir Rosie, ob wir ein Kloster besichtigen könnten.

Das von Rosie ausgewählte Kloster, das Chanmyay-Yeiktha-Meditationszentrum abseits der Pagoda Road, ist nur zehn Minuten von unserem Hotel entfernt. Es besteht aus mehreren dreistöckigen Gebäuden, die um einen kleinen Innenhof herum errichtet worden sind. Gleich beim Eintreten eine Empfindung von beharrlichem Fleiß und ruhiger Gelassenheit. Wir bleiben vor einem kleinen Büro stehen, während Rosie hineingeht, um zu fragen, ob wir uns kurz mit einem englisch sprechenden Mönch unterhalten könnten. Vor uns bemerken wir eine Reihe junger Mädchen, die eine Außentreppe hinabsteigen, in rosarote Roben gekleidete Teenager-Novizinnen. Ihren Blick halten sie gesenkt; jede Bewegung, jeder Schritt geschieht mit Bedacht. Sie sind ungemein konzentriert. Später schreibe ich mir die Anweisungen für die Gehmeditation aus einer kleinen, von dem Ehrwürdigen Sayadaw U Janakabhivama, dem Abt des Klosters, verfaßten Broschüre über Vipassanā-Meditation ab.

> Nehmen Sie die Gehmeditation ernst. Schon allein dadurch, daß man Gehmeditation betreibt, kann man Arhatschaft erreichen! [Der Zustand eines Arhat ist ein Zustand, in dem das eigene Heil erlangt ist, die höchste Ebene des Hīnayāna.] Nehmen Sie sich den Ehrwürdigen Subhadda, den letzten Arhat-Schüler des Buddha, als Beispiel.
>
> Widmen Sie während der Gehmeditation Ihre Aufmerksamkeit dem Fuß. Beobachten Sie die Bewegung mit scharfem Gewahrsein. Zu Beginn beobachten Sie nur einen einzelnen Bestandteil des Schritts; beobachten Sie im Geist »rechts« und »links«.
>
> Machen Sie die Augen nicht zu, sondern halten Sie die Augenlider halb geschlossen, den Blick etwa gut einen bis eineinhalb Meter vor Ihre Füße gerichtet.
>
> Beugen Sie den Kopf nicht zu stark vor. Dies würde binnen kurzer Zeit Anspannung und Schwindelgefühl hervorrufen.
>
> Schauen Sie nicht auf Ihre Füße. Sonst wird Ihr Geist abgelenkt.
>
> Wenn Sie die Fußbewegung verfolgen, dürfen Sie die Füße nicht zu hoch heben.
>
> Die Zahl der zu beobachtenden Objekte wird allmählich vergrößert, das heißt, die Anzahl der beobachteten Bestandteile eines Schrittes.

> Später kann man dann etwa zehn Minuten lang auf den Schritt als Ganzes achten, gefolgt von den drei Teilen »anheben«, »voranbewegen«, »absenken«. Dies läßt sich schließlich erweitern zu: »beabsichtigen«, »anheben«, »voranbewegen«, »absenken«, »den Boden berühren«, »auftreten«.
>
> Bitte beachten Sie folgendes: Im Verlauf einer einstündigen Gehmeditation schweift der Geist mit Sicherheit des öfteren ab.
>
> Während der Gehmeditation dürfen Sie nicht hierhin und dorthin schauen. Sie hatten bereits viele Jahre und werden noch viele Jahre haben, um den Blick schweifen zu lassen. Wenn Sie dies während Ihrer Übungen tun, geben Sie Ihre Konzentration auf. Geben Sie acht auf das »Verlangen«, den Blick schweifen zu lassen. Der vagabundierende Blick ist ein schwieriges Problem für einen Yogi.
>
> Für jede von beiden, Gehmeditation und Sitzmeditation, sind wenigstens fünf bis sechs Stunden pro Tag zu empfehlen.

Nicht ein einziges Mädchen blickt auf oder nimmt Notiz von der momentanen Anwesenheit der Westler, als sie langsam ihres Weges »gehen«.

Nachdem wir lange gewartet haben, kommt Rosie wieder aus dem Büro. Wir ziehen unsere Schuhe aus und folgen ihr hinauf ins zweite Stockwerk eines mit Stuck verzierten weißen Gebäudes. Wir gehen an mehreren Zimmern vorüber. In einem von ihnen sitzt ein halbes Dutzend westlicher Mönche still auf Matten. Sie haben frisch kahlgeschorene Köpfe und sind alle in alarmierender Weise abgemagert.

Sie sehen uns ohne eine erkennbare Regung, ohne Neugierde an, und sie vermitteln nicht jenen Eindruck spiritueller Überlegenheit, den man gewöhnlich bei westlichen Mönchen oder »eingeweihten« Schülern erhält, wenn man ein Kloster in den Vereinigten Staaten oder auch in anderen Teilen Asiens besucht. Vielmehr sind die Mönche hier zu unbeteiligt und versunken, um uns Beachtung zu schenken.

Wir halten vor einem schlichten Empfangsraum am anderen Ende des Balkons. Drinnen führt ein Mönch ein Gespräch mit einem jungen, ziemlich erregt wirkenden Novizen. Obgleich dieser Mönch erst etwa Ende zwanzig ist, hat er offenbar eine mit Autorität verbundene Position inne. Eine aufrechte und stattliche Erscheinung, das Gesicht mit seinen hochstehenden Wangenknochen trägt chinesische Züge. Während er zu dem jungen Novizen spricht, ist sein Blick ernst und direkt.

Er bedeutet Rosie einzutreten. Wir warten an der Türe, während sie ihm mitteilt, daß wir gerne mit ihm sprechen möchten. Er streift uns mit einem kurzen Blick, dann sagt er etwas zu dem jungen Novizen, der am ganzen Körper zu beben scheint. »Er will das Kloster verlassen«, flüstert Rosie uns zu. »Er hat Probleme mit seinem Geist.«

Schließlich verbeugt sich der Novize, der offenbar Erlaubnis erhalten hat zu gehen, und bewegt sich rückwärts aus dem Zimmer. Der Mönch bedeutet uns näherzutreten. Als wir ins Zimmer hineingehen, gibt er uns mit einer Geste zu verstehen, daß wir uns ihm gegenüber hinsetzen können. Er schaut uns ernst an. In perfektem, unbeteiligtem Englisch erzählt er uns, man habe 227 Grundsätze oder Verhaltensregeln zu beachten, die als Patimokkha bekannt sind, um Mitglied des Sangha zu werden. Das Tagesprogramm geht von halb vier Uhr morgens bis zehn Uhr abends, und im wesentlichen besteht die Praxis im Benennen jeglicher Verrichtung: »Ich atme ein. Ich atme aus. Ich schreibe. Ich will mich setzen. Ich sitze. Ich will einen Schritt machen. Ich mache einen Schritt. Ich empfinde Ärger. Ich empfinde Schmerz. Ungefähr so.«

Er hält inne, nimmt einen Schluck Tee. »Ich werde Ihnen ein Beispiel dafür geben, wie wir mit dem Geist praktizieren. Können Sie hierher kommen ohne jeglichen Wunsch oder Willen, hierher zu kommen?«

Wir schauen ihn verdutzt an. Nach einer Weile fragt er uns erneut.

»Was ist die Ursache, und was ist die Wirkung? Die Tatsache des Kommens ist die Wirkung, die Absicht die Ursache. Warum sitzen Sie auf dem Boden? Aufmerksamkeit ist das, was macht, daß Sie auf dem Boden sitzen. Gibt es da jemanden, der sitzt? Falls Sie glauben, daß es da eine Person gibt, die auf dem Boden sitzt, dann sollten wir einen Leichnam aus dem Hospital herbeibringen und versuchen, ihn auf dem Boden sitzen zu lassen. Er kann nicht sitzen, da es bei ihm keine Absicht gibt. Einzig die Absicht, der geistige Prozeß, ist das, was eine Handlung oder Bewegung bewirkt. Also wer sitzt nun da? Ein Mann oder eine Frau? Weder noch. Es ist ein physikalischer Ablauf, der vom Wind* getragen wird. Deshalb müssen wir vor jedem Handeln die Absicht prüfen.«

Zu guter Letzt lächelt er und fragt uns, woher wir

* *Wind*: bedeutet hier: Atem, Geistesenergie (A.d.Ü.)

kommen. Als wir ihm die Vereinigten Staaten nennen, fragt er, ob wir Jack Kornfield kennen, den amerikanischen Vipassanā-Lehrer. Wir schütteln unsere Köpfe. Wir haben von ihm gehört und ein Buch von ihm gelesen, haben ihn jedoch nie getroffen.

»Er ist hiergewesen«, erzählt der Mönch. »Er hat sehr gute Schüler. Ich würde gerne nach Amerika gehen und ihn besuchen, doch niemand wird aus Burma rausgelassen.«

Ich frage ihn, ob er Chinese ist. Er lächelt und nickt mit dem Kopf. Seine Eltern waren beide Chinesen, die in Rangun lebten, wo er geboren wurde. Es gibt eine Menge Chinesen in Rangun, erklärt er. Inder ebenfalls.

Ich erzähle ihm von Ayrev, und daß wir im Rahmen einer Pilgerreise nach Burma gekommen sind, die uns auch zu verschiedenen anderen Verehrungsstätten in Thailand und Kambodscha führt.

Er nickt, seine Augen plötzlich voller Mitgefühl. »Wir wissen einfach nicht, wann wir sterben werden. Es ist von solcher Bedeutung, sich im klaren darüber zu sein, daß alle Phänomene der Vergänglichkeit unterliegen. Ihr Sohn ist gestorben. Jeder von uns hier in diesem Raum kann jeden Moment sterben. Es erwächst großes Leid daraus, wenn wir uns nicht voll und ganz darüber im klaren sind, daß geistige und physische Phänomene von Augenblick zu Augenblick entstehen und vergehen.«

Er schaut auf seine Uhr und steht unvermittelt auf. Er muß eine Ordination vornehmen und fragt uns, ob wir mitkommen möchten.

Wir folgen ihm die Treppen hinunter und über den Hof zu einem anderen Gebäude. Eine kleine Menschenmenge hat sich in einem geräumigen grünen Empfangsraum versammelt. Das Mobiliar sieht aus, als gehöre es zum Foyer eines Holiday Inn in Topeka, Kansas, so um 1950. Der Abt, ein älterer Mann mit dicken Brillengläsern, sitzt auf einer Couch mit weißen Zierdeckchen über den Armlehnen. Vor ihm knien zwei Männer mittleren Alters auf dem Boden, bekleidet mit steifen, neugekauften weißen Novizenroben. Hinter ihnen, ebenfalls auf dem Boden, sind ihre Familien, vielleicht fünfzig Leute insgesamt.

Rosie erklärt uns, daß sie ein Schiffskapitän und sein Erster Offizier sind und daß sie beide nächsten Monat Mädchen aus Rangun heiraten werden. Doch sie haben sich verpflichtet, vor der Hochzeit noch eine zehntägige Klausur im Kloster zu absolvieren.

Der chinesische Mönch, der offensichtlich mit dieser Art von Zeremonie vertraut ist, führt sie durch ihre Gelübde, die sie auf dem Boden kniend empfangen, ihre Hände in Brusthöhe aneinandergepreßt. Als Laien geloben sie, acht Grundsätze zu befolgen: Sich des Tötens, Stehlens, sexuellen Fehlverhaltens, Lügens und des Gebrauchs jeglicher Rauschmittel wie auch des Nahrungsverzehrs nach zwölf Uhr mittags zu enthalten. Der siebte Grundsatz ist, nicht zu tanzen, zu singen, Musik zu machen und sich nicht mit Dingen auszustaffieren, die nur der eigenen Verschönerung dienen, wie Blumen oder Parfüm. Achter Grundsatz ist der Verzicht auf eine hohe und luxuriöse Schlafstelle.

Der Abt, der ein klein wenig gelangweilt wirkt, nickt bisweilen und bietet an, weitere Erläuterungen zu geben. Nachdem der Kapitän und sein Erster Offizier ihre Gelübde genommen haben, erklärt er ihnen, daß es durch vollständige Beachtung der acht Grundsätze zu einer Reinigung ihres moralischen Lebenswandels kommen wird. Die Reinigung von Sīla oder Sīla-Visuddhi ist die unverzichtbare Voraussetzung dafür, daß jemand, der meditiert, in seiner Meditationspraxis Fortschritte erzielt. Sobald Sīla, der moralische Lebenswandel, gereinigt ist, hat man niemals Schuldgefühle. Wenn man keine Schuldgefühle hat, wird der Geist beständig. Dann kann sich der Geist mit Leichtigkeit auf das Meditationsobjekt richten. Gereinigter moralischer Lebenswandel führt zu tiefer Konzentration des Geistes, die es wiederum gestattet, daß es in der Meditationspraxis zu klarer Einsicht kommen kann.

Dann bekommen alle Tee serviert, und der Abt läßt Schnappschüsse von seiner Japanreise herumreichen, wo er den Berg Fuji, verschiedene Parks und eine ganze Reihe Klöster besucht hat.

Auf dem Weg zum Ausgang des Klosters halte ich vor dem Büro, wo ein Plan mit dem täglichen Ablauf der Meditation aushängt.

UHRZEIT	PROGRAMMPUNKT
4.00 Uhr	Aufwecken
4.30 Uhr	Gehen
5.30 Uhr	Sitzen
6.30 Uhr	Gehen
7.00 Uhr	Frühstücken
8.00 Uhr	Gehen
9.00 Uhr	Sitzen
10.00 Uhr	Gehen
11.00 Uhr	Mittagessen
12.00 Uhr	Ruhen
13.00 Uhr	Sitzen
14.00 Uhr	Gehen

UHRZEIT	PROGRAMMPUNKT
15.00 Uhr	Sitzen
16.00 Uhr	Gehen
17.00 Uhr	Saft wird serviert
17.30 Uhr	Gehen
18.30 Uhr	Sitzen
19.30 Uhr	Gehen
20.00 Uhr	Dharma-Unterweisung
21.30 Uhr	Sitzen
22.30 Uhr	private Meditation

Nach einem weiteren Besuch der Shwedagon-Pagode, von der wir offenbar gar nicht genug bekommen können, fahren wir an Aung San Suu Kyis Haus auf der University Avenue vorbei, nur ein paar Häuserblocks vom amerikanischen Konsulat entfernt. Fünf uniformierte Bewacher stehen auf der Straße vor dem verriegelten Tor des zweigeschossigen Bungalows aus Holz. Selbst im Vorbeifahren fürchtet Rosie sich offenbar rüberzuschauen, als werde der allgegenwärtige SLORC das irgendwie beobachten und unser Interesse aktenkundig machen.

Für wie lange wird Aung San Suu Kyi interniert bleiben? Hat sie sich mit der bitteren Situation ihres Landes abgefunden? Offenbar nicht. Noch wichtiger ist, ob sie sich Mitgefühl für ihr Land bewahrt hat. Ist sie mit ihrem Geist in die Vergangenheit oder in die Zukunft ausgewichen? Geht sie, steht sie, sitzt sie mit Achtsamkeit? Wahrscheinlich kommt die Kraft, die es einem möglich macht, dort, wo man ist, zu verharren, ohne darüber zu diskutieren oder sich zu beklagen, aus der Verbundenheit mit einem tieferen Rhythmus. Wahrscheinlich ist es das »Handeln des Nichthandelns«.

Mir kommt eine Aussage des Dalai Lama in Erinnerung:

> Ein Punkt, der meine Einstellung beeinflußt, ist dieser: Wenn es in einer Situation keine Lösung gibt, dann ist es unsinnig, Angst zu haben. Die in ihr wirksamen Kräfte folgen einer eigenen Dynamik, und was jetzt passiert, ergibt sich aus dem, was zuvor passiert ist, und falls unsere Generation nicht all diese Kräfte unter Kontrolle hat, dann wird der Prozeß ihres Wirkens weitergehen. ... Wenn es ein Problem gibt, bringt ein gewisses Verständnis einen Nutzen daraus hervor. Das Leben hat einen Nutzen, sobald Sie sich einer Schwierigkeit stellen; es verleiht Ihrem Leben einen bestimmten Wert, wenn Sie die Art von Verantwortung haben, sich der Schwierigkeit zu stellen und sie zu überwinden. Hingegen gibt es für Sie, wenn Sie solche Schwierigkeiten nicht zu spüren bekommen, keine solche Verantwortung, keine Aufgabe, die Sie in Ihrem Leben erfüllen. ... Diese Herausforderung erlaubt Ihnen, in die Praxis umzusetzen, wozu Sie fähig sind. In erster Linie besteht der Zweck des Lebens darin, anderen zu dienen. Unter diesem Gesichtspunkt ist eine Schwierigkeit wahrhaft eine großartige Möglichkeit. Oft habe ich gesagt, daß unsere Generation der Tibeter den traurigsten Abschnitt der gesamten tibetischen Geschichte vor Augen hat. Also ist es unter dieser Perspektive ... eine große *Auszeichnung,* ein großes Privileg, ... diesen Zeiten ins Auge zu schauen, sich ihnen zu stellen.

Früh am nächsten Morgen fliegen wir mit einem kleinen Flugzeug zu den historischen Ruinen von Pagan in der Nähe des Irrawaddy-Flusses. Die Maschine überfliegt grünen Dschungel, Seen, Flüsse und Felder. Aus der Luft wirkt Burma unversehrt, als sei es auf irgendeine Art den giftigen und mörderischen Katastrophen des zwanzigsten Jahrhunderts entkommen.

Auf dem Boden jedoch herrscht eine andere Wirklichkeit.

Auf dem kleinen Flughafen gähnende Leere, abgesehen von ein paar Soldaten, die draußen vor dem Abfertigungsterminal, einem einzigen Raum, rumhängen. Offenkundig sind wir die einzigen Touristen an Bord der heutigen Maschine – verständlicherweise, denn die Hitze, die uns entgegenschlägt, läßt uns beinahe rücklings wieder ins Flugzeug taumeln, als wir uns, begleitet von Kyi Kyi, der jungen Frau, die nun unsere Reiseführerin ist, auf den Weg zu unserem Jeep machen wollen. Kyi Kyi, deren breites Gesicht mit *Thanaka* bedeckt ist, einer hellbraunen Sandelholzpaste, die man verwendet, um dem Sonnenbrand zu entgehen, freut sich, daß wir gekommen sind, da das Tourismusgeschäft flau gewesen ist, um nicht zu sagen praktisch nichtexistent. Obgleich sie für die Touristikorganisation der Regierung arbeitet – einer der besten Jobs in Pagan – verdient sie gerade zehn Dollar im Monat, nicht viel, wenn man mehrere Kinder ernähren muß und obendrein einen dem Alkohol verfallenen Ehemann.

Auf dem Weg zum Hotel halten wir vor einer kleinen, teilweise eingestürzten, am Feldrand stehenden Pagode. Grasbüschel überwuchern ihre drei nach hinten wegsackenden Terrassen. An der Spitze hat sich das Abschlußornament wie ein Pilz über den glockenförmigen Stūpa ausgebreitet, während das ganze Gebilde allmählich im Erdboden versinkt, ein Prozeß, der vor über neunhundert Jahren begann.

Während Lynn fotografiert, durchstreife ich das staubbedeckte, zugewucherte Feld. Um uns herum stehen in der weiten Ebene vereinzelt Pagoden und Tempel; sie zählen zu den paar Tausend übriggebliebenen Bauwerken einer religiösen Stadt, die mehr als dreizehntausend Stūpas und Tempel und siebzigtausend Mönche umfaßte, ferner eine Universität, die der großen Nalanda-Universität in Indien ebenbürtig war. Die ganze Ära buddhistischer Königreiche währte aber nur ein paar Jahrhunderte.

»Was ist passiert«, frage ich Kyi Kyi.

Sie seufzt. »Was immer passiert. Alles ist verschwunden.«

Nun sind, von den Ruinen abgesehen, nur noch ein paar armselige Dörfer übrig, zu denen bis vor kurzem auch Kyi Kyis Heimatdorf gehörte, das sich jahrhundertelang an einem Fleck innerhalb des Tempelareals befunden hatte. Doch dann zwang kürzlich die Regierung alle fünftausend Dorfbewohner, die bei den Wahlen von 1990 allzu eindeutig für Aung San Suu Kyi gestimmt hatten, zum Umzug an einen anderen Ort, ultimativ, innerhalb von vier Tagen. Durch die Zwangsumsiedlung des letzten Dorfes aus Pagan verwandelte der SLORC das Gelände in ein archäologisches Museum: steril, gesichert, leblos. Heutzutage sind nur noch Pagoden und Tempel übriggeblieben, da alle anderen Gebäude, auch der Königspalast, aus Holz gefertigt waren.

Hinter der Pagode bewegt ein Ochsenkarren sich langsam über ein staubiges Feld. Nichts sonst rührt sich, nichts sonst zeugt von Leben. Und bald darauf ist der Ochsenkarren ebenfalls fort.

Während Lynn die Pagode fotografiert, gibt Kyi Kyi mir einen kurzen geschichtlichen Abriß: Der erste buddhistische König war Anawrahta (die burmesische Schreibweise von Aniruddha), der 1044 den Thron bestieg. Der elfte und letzte war Narathipati, der als »der König, der vor den Chinesen floh« bekannt wurde, da er 1287 zehntausend Gebäude niederreißen ließ, um das Königreich gegen eine drohende Mongoleninvasion unter der Führung des Kublai Khan zu verteidigen.

Danach war es vorbei mit Pagan. Die Anhöhen waren, nachdem man zweihundert Jahre wie besessen gebaut hatte, der Erosion zum Opfer gefallen und ohne Baumbestand. Die Nahrungs- und Wasserversorgung reichte nicht länger für eine große Zahl von Bewohnern, und als die Tataren anrückten, um die Stadt zu plündern, blieb nichts erhalten.

Kyi Kyi erzählt mir die Geschichte von Anawrahta, offensichtlich ein Favorit in ihrem Repertoire mit Geschichten buddhistischer Könige, von denen einige im gleichen Maß von Brutalität und Gewalttätigkeit gekennzeichnet sind wie das *Rāmāyana* oder das *Mahābhārata.* Anawrahtas Bekehrung zum Theravāda-Buddhismus geht auf einen gelehrten Mönch zurück, der von Manuha, dem Mon-König von Thaton, zu ihm geschickt worden war. Offensichtlich gab es in Anawrahtas Leben verflixt viele finstere Kapitel, die zu bereinigen waren, und schwere Verfehlungen, zu denen er sich erst einmal in Reue bekennen mußte, darunter die Tötung seines Halbbruders, des vorherigen Königs Sokkade, im Kampf Mann gegen Mann. Doch der Mönch hatte solchen Erfolg mit seiner Bekehrung, daß Anawrahta Manuha um eine Reihe heiliger Texte und Reliquien bat, darunter zweiunddreißig Abschriften der Tripitaka-Texte (das Tripitaka, der »Dreierkorb«, ist der Grundstock der religiösen Schriften im Buddhismus).

Manuha jedoch war Anawrahtas Reaktion überhaupt nicht geheuer. Wie konnte es angehen, daß ein derart von sich selbst überzeugter König so mühelos für die theravādischen Schriften zu gewinnen sein sollte? Anawrahta mußte noch ein anderes, ein niederes Motiv haben.

Als Manuha sich Anawrahtas Wunsch verweigerte, erklärte dieser ihm sofort den Krieg, eroberte Thaton und brachte so nicht nur das Tripitaka, sondern auch die Mönche und Architekten der Stadt und sogar König Manuha selbst mit nach Pagan.

Wie zum Beweis dafür, daß seine Bekehrung echt war, erging Anawrahta sich unverzüglich in einer wilden Bauaktivität, die nicht bloß über seinen Tod hinaus, sondern für mehr oder weniger zweihundert Jahre anhielt, ehe sie zum Erliegen kam.

Königtum in buddhistischem Verständnis stattet den Herrscher nicht mit dem göttlichen Recht aus, das Reich nach Belieben zu regieren. Von ihm wird erwartet, daß er die Zehn Pflichten der Könige beachtet, die Sieben Schutzmaßnahmen gegen den Verfall, den Vierfachen Beistand für das Volk und sich darüberhinaus noch von mehreren anderen

Verhaltensregeln leiten läßt; zu diesen gehören die Zwölf Vorgehensweisen von Herrschern, die Sechs Eigenschaften von Anführern, die Acht Positiven Merkmale von Königen und die Vier Arten der Gefahrenüberwindung. Eine Tradition, die den König zu den Fünf Feinden oder Gefahren rechnet und die sich auf viele Regularien mit moralischen Anweisungen für diejenigen, die mit Machtpositionen betraut werden, festlegt, hat die Logik auf ihrer Seite. Die Menschen von Burma haben reichlich Erfahrung mit despotischer Herrschaft gesammelt und sind sich durchaus der unglückseligen Kluft, die sich zwischen Theorie und Praxis des Regierens auftun kann, bewußt.

AUNG SAN SUU KYI

Was Manuha anbelangt, so war es seine Bestimmung, als König im Exil auch Architekt zu werden. Auf dem weiteren Weg ins Hotel weist Kyi Kyi uns auf den Tempel hin, mit dessen Bau Manuha auf Anawrahtas Geheiß den Rest seines Lebens verbrachte. Ungeachtet der Hitze, die jetzt deutlich über 40 °C beträgt, machen wir halt. Von außen hat der Tempel nichts Beeindruckendes. Ein uninspiriert wirkendes quadratisches Bauwerk, das sich nach oben hin verjüngt, als hätte Manuha irgendwie eine Pyramide im Sinn gehabt, ohne sich aber seiner Sache in ästhetischer Hinsicht richtig sicher zu sein oder einen hinreichend starken Glauben an die überlegene Kraft des Geistes zu haben, so daß er seine Absicht dann auch wirklich in die Tat umgesetzt hätte.

Drinnen finden wir die Erklärung. Vor uns, in einem

kleinen, engen Durchgang, stoßen wir auf drei große Buddhas in sitzender Position und einen liegenden Buddha. Gemessen am vorhandenen Raum sind sie viel zu groß. Die Wirkung ist äußerst klaustrophobisch, so als wären sie in ein Gefängnis eingesperrt.

Kyi Kyi erklärt, dies sei absichtlich so. Die Positionen der Buddhas verleihen den Empfindungen von physischem Unbehagen und Streß, die Manuha in Gefangenschaft hatte, sinnfälligen Ausdruck. Der liegende Buddha mit einem seligen Lächeln auf den Lippen repräsentierte für ihn die ersehnte, endgültige Erlösung durch den Tod, in Manuhas Augen die einzig mögliche Beendigung des eigenen Leidens.

> Ohne die tragfähige Grundlage der Erfahrung von Shūnyatā* und einer ichlosen Meditationspraxis wäre der Versuch, sich zum König zu ernennen, obgleich man dem so erhobenen Anspruch sichtlich nicht gerecht wird, eine ziemlich erbärmliche Geste.
>
> CHÖGYAM TRUNGPA, RINPOCHE

Gewalt ist völlig konträr zur Lehre des Buddhismus. Der gute Herrscher überwindet Böswilligkeit mit liebender Güte, Niederträchtigkeit mit einer durch

* Shūnyatā, Leerheit, ist ein zentraler buddhistischer Begriff. Der Buddhismus geht seit jeher von der Einsicht aus, daß alle zusammengesetzten Dinge »leer«, vergänglich, ohne eigenes Wesen (d. h. in ihrem Entstehen und Vergehen von äußeren Bedingungen abhängig) und durch Leiden gekennzeichnet sind. Shūnyatā bedeutet nicht, daß die Dinge nicht existieren, vielmehr daß sie nichts als Erscheinungen sind.

und durch rechtschaffenen Haltung, Geiz mit Freigebigkeit und Falschheit mit Wahrhaftigkeit.
Der große Regent Ashoka, der sein Reich in Einklang mit den Prinzipien von Gewaltlosigkeit und Mitgefühl regierte, wird immer als beispielhafte Verkörperung eines idealen buddhistischen Königs hingestellt. Eine Regierung sollte es nicht auf Unterwerfung durch Ausübung von Härte und unmoralischer Gewalt anlegen, sondern sie sollte sich um Dhamma-Vijayā bemühen, bezwingende Rechtschaffenheit.

AUNG SAN SUU KYI

Lynn fragt Kyi Kyi, wie es denn überhaupt möglich sei, daß in einem buddhistischen Land wie Burma über so viele Jahrhunderte eine derartige Gewalt und Brutalität herrscht. Und wie kann die derzeitige Regierung die Verantwortung für das Töten so vieler Menschen tragen?

Kyi Kyi zuckt mit den Achseln. »Weil sie sich Leute von nicht-buddhistischen Volksstämmen holen, die das für sie erledigen. Kein Problem.«

* * *

Unsere Unterkunft ist ein kleiner Bungalow der Thiripyitsaya Hotelanlage. Sie gilt als bestes Hotel in Pagan, wenn nicht im ganzen Land, und gemessen an burmesischen Standards ist sie das wahrscheinlich auch. Es gibt einen Kühlschrank im Zimmer, der beinahe kühl ist, und einen heftigen kalten Luftzug mit viel Geklappere aus der Klimaanlage. Die Toilette funktioniert, sieht man einmal von einem kaputten Griff ab. Der Wasserhahn am Waschbecken tropft unaufhörlich, doch wenigstens kommt tatsächlich Wasser heraus. Kein Problem. Draußen vor der Tür liegt die Temperatur bei über 46 °C.

Zum Hotel gehören weiterhin eine Bar und eine Veranda mit Blick auf den Irrawaddy. Doch in der Eingangshalle wirkt die Atmosphäre bedrückt, vielleicht wegen der Vielzahl von unfreundlichen SLORC-Leuten, die im Restaurant umherschleichen oder bei ihren Jeeps in der Zufahrt rumhängen. Wenn die Mannen des SLORC in der Nähe sind, verhalten sich alle Kellner und das übrige Personal besonders unterwürfig und zugleich distanziert, als seien sie unsicher, welche Einstellung im Umgang mit Westlern die korrekte ist.

Nach dem Mittagessen strecken wir alle viere von uns und warten den Abend ab, ehe wir uns wieder nach draußen wagen.

* * *

Wir steigen zur Spitze des Thatbinyu-Tempels hinauf, des höchsten Gebäudes in Pagan, erbaut von König Alaungsithu (1113–1160). Nachdem wir eine klaustrophobisch enge und steile Treppenflucht erstiegen haben und an einer mächtigen Buddha-Darstellung vorbeigekommen sind, treten wir schließlich hoch oben hinaus auf eine Terrasse. Unter uns, in einen orange und purpurrot leuchtenden Sonnenuntergang getaucht, die Tiefebene von Pagan. Wir können Hunderte von Tempeln und Pagoden sehen, die meisten von ihnen in verfallendem Zustand. Weiter weg windet sich der Irrawaddy in einem großen Bogen träge durch die Landschaft, ganz verlassen, abgesehen von zwei hölzernen Kähnen, die mit geringer Geschwindigkeit in Richtung Mandalay gleiten.

Eine Woge der Empfindung von Sinnlosigkeit schwappt

über mich hinweg. Warum sind wir hier? Nur um diese Monumente der Vergänglichkeit zu sehen und von ihnen zu berichten? Sind wir hier bloß mit dem Zusammenstellen und Katalogisieren sakraler Denkmäler beschäftigt, die schon bald wie Träume verschwinden werden?

Die Gebäude sind bloß äußerliche Hüllen ohne spirituelle Lebenskraft. Ich fühle mich ebenfalls leer. Nicht leer in der tiefen Bedeutung des Mahāyāna, die darin besteht, von fixierten Vorstellungen abzulassen oder die Einsicht, daß Leerheit alles umfaßt, wirklich zu leben; ich fühle mich eher entleert von Substanz, von Weisheit, von der »Großen Sicht« der Nichtdualität. Es ist, als befänden wir uns auf einer Pilgerreise nach nirgendwo, nirgendwoher kommend, nirgendwohin gehend. Kein übler Zustand im Grunde genommen, sofern wir nur wahrhaft in der Gegenwart leben.

Doch eine schnell um sich greifende Unzufriedenheit erfaßt mich. Unsere Reise ist nichts anderes gewesen als eine Art von ungesundem visuellem Materialismus, ein mißliches Requisit zum Kaschieren unserer Trauer. Was bringt es schon, diesen Tempel von einer Pagode zu unterscheiden und herauszufinden, daß Thai-Bildhauerei reichlicher verziert und schmuckvoller ist als die kambodschanische oder indische? Das gewährt uns keine Linderung. Das baut uns nicht auf. Lediglich wenn die Entbehrungen dieser Reise uns in die Knie zwingen, scheint uns das ablenken zu können, aber auch nicht sehr lange. Was bringt es, zu wissen, daß dieser Tempel als Sühne für einen entsetzlichen Mord errichtet wurde oder jener aus Reue oder aus Konkurrenzstreben oder zur Selbstverherrlichung? Ungeachtet des massiven Ziegelsteinbauwerks unter unseren Füßen fühle ich mich, als hinge ich auf eine lächerliche Weise hilflos in der Luft. Und dann wird Hilflosigkeit plötzlich zu Hoffnungslosigkeit. Augenblicklich fühle ich mich stärker und schwächer zugleich. Denn diese Pilgerreise ist in der Tat hoffnungslos, und es bringt eine gewisse Erleichterung, dies anzuerkennen. Ayrev ist nicht mehr da, nur einen Augenblick weiter werden Lynn und ich ebenfalls nicht mehr dasein; und genau wie dieses Königreich untergegangen ist, wird auch der Buddhismus untergehen. Alles keine große Sache. Da gibt es keine Schuld und niemanden, den man beschuldigen könnte. Und auch keine Furcht.

Auf der anderen Seite der Terrasse schaut Lynn mit unbewegtem Blick und wie angewurzelt zur Ananda-Pagode hinüber, auf deren weiß abgestufte Terrassen und die goldene Spitze die untergehende Sonne ihre letzten Strahlen fallen läßt. Ein sanftes Lächeln umspielt ihre Lippen. Nach Fotografieren ist ihr jetzt nicht zumute. Nur schauen. Nur sein. Sie wendet sich mir zu, strahlend, ekstatisch. Mein wahnsinniger kleiner mentaler Tanz löst sich ebenso plötzlich wieder auf, wie er zustandegekommen ist.

Auf dem Rückweg zum Abendessen halten wir vor der Ngakywenadaung-Pagode, einem runden Stūpa von dreizehn Metern, geformt wie ein zwiebelförmig sich verbreiternder Zylinder. Ein Teil der Pagode ist noch mit grün glasierten Fliesen gedeckt. Die Form fesselt uns durch ihre Einfachheit, als sei sie spontan aus der Erde aufgetaucht, nicht entworfen, nicht gestaltet, unvorhergesehen. In ihr ist die Ausstrahlung von all jenem gegenwärtig, was erst im Keim da, noch nicht wirklich ist, erst noch geboren werden und sich entfalten will. Sie ist Gebärmutter und Phallus in einem und hat etwas an sich, das tiefer reicht als bloße Schönheit. Sie hat keine offensichtlich kulturspezifische Ästhetik, keine begrifflich faßbare Bedeutung. Sie ist nicht weniger als die pulsierende Form des Daseins selbst und legt Zeugnis ab von etwas, das ohne Anfang und ohne Ende ist.

Am nächsten Tag fahren wir wieder raus, zu einer wahren Orgie der Pagoden- und Tempel-Betrachtung. Der Traum von dieser religiösen Stadt zieht uns immer stärker in seinen Bann. Wie mag das wohl gewesen sein, in einem ganz und gar vom Buddha-Dharma erfüllten Umfeld zu leben, in einer Gemeinschaft, deren Anliegen vor allem die Weiterentwicklung der menschlichen Seele war? Vielleicht gab es Hunderte, wenn nicht Tausende Verwirklichte, die hier lebten, lehrten, meditierten, die Überlieferung aufrechterhielten. Ist es möglich, daß es einmal eine Zeit gab mit einer Kultur, die ohne Konsumkult bestehen konnte, ohne weltliches Manipulieren, ohne Ambitionen, sogar ohne die Idee des Fortschritts? Natürlich sind die drei Gifte stets gegenwärtig, doch vielleicht waren die Gegenmittel dafür ebenfalls zur Hand.

Vielleicht ... doch wir haben kein Gegenmittel gegen die Hitze und suchen wieder im Hotel Zuflucht.

> Jede Beziehung ist Energie. Das Konzept des Sangha zum Beispiel meint eine Gruppe von Leuten, die als Brüder und Schwestern miteinander arbeiten, in gegenseitiger spiritueller Freundschaft miteinander arbeiten. ... Um spirituelle Freunde sein zu können, müssen sie offen füreinander sein. ... Offen sein heißt nicht, von anderen abhängig

zu sein, was *deren* Offenheit blockiert. Mit anderen Worten erzeugt der Sangha nicht eine klaustrophobische Situation für jede Person innerhalb des Sangha. Falls jemand zu Fall kommt, bleiben Sie, davon unabhängig, immer noch stehen; da Sie sich nicht auf die andere Person stützen, kommen Sie nicht zu Fall. Wenn eine Person zu Fall kommt, löst das keine Kettenreaktion bei anderen aus, die ansonsten ebenfalls zu Fall kämen. Insofern ist Unabhängigkeit ganz genauso wichtig wie ein Miteinander, in dem man einander als Inspiration dient.

CHÖGYAM TRUNGPA, RINPOCHE

Als der Jeep auf die unbefestigte Straße zum Hotel einbiegt, fährt eine für hiesige Verhältnisse nicht eben alltägliche Gestalt an uns vorüber, bekleidet mit Shorts, Rucksack und ärmellosem Hemd, das schüttere, lange Haar mit einem roten Tuch zum Zopf zusammengebunden, auf einem Fahrrad, das im Ankämpfen gegen die Hitze hin und her schwingt. Erst als wir fünfzig Meter weiter sind, wird uns klar, daß es sich da um Michael Wadleigh handelt! Wir vereinbaren, gemeinsam zu Abend zu essen, und Wadleigh radelt zurück zu seiner Pension, wo er sein Lager unter einem Moskitonetz aufgeschlagen hat, das wie ein kleines Zelt aussieht.

Nach einer kleinen Rast, während der wir in unruhigen Schlaf fallen, essen wir mit Wadleigh zu Abend – um uns herum Gruppen von SLORC-Leuten, die mit ihren Familien mißmutig dasitzen. Seit wir Wadleigh letztens in Bangkok gesehen haben, hat er sich in Burma unters Volk gemischt, in Rangun hat der alte Spürhund Informationen für einen Film über Aung San Suu Kyi ausgekundschaftet, er hat sich in Zügen und Autobussen umgetan, hat mit den exotischen Bootsflüchtlingen von Inye Lake Lieder gesungen, ist die 1729 Stufen zur Spitze des Mandalay-Bergs hinaufgestiegen, wo er dann ausgerechnet Poster von Madonna und dem Terminator fand, die ein Wandgemälde des Buddha flankierten, und er hat eine Reihe exzentrischer Abenteuer gehabt, die uns das Gefühl geben, daß wir im Vergleich dazu schrecklich verhätschelt und verwöhnt sind. Doch über solcherlei Verletzungen unserer Eitelkeit kommen wir schnell hinweg: Brauchten wir doch nur drei Tage so wie Wadleigh unterwegs zu sein, und schon könnte man uns in Leichensäcke verpackt in die Staaten zurückschicken.

Mit lauter, für alle SLORC-Leute gut hörbarer Stimme beschreibt Wadleigh seine diversen Anläufe, zu Aung San Suu Kyi vorzudringen, die jedoch ausnahmslos scheiterten. Ein Treffen mit einem US-Beamten, wahrscheinlich vom CIA, erzürnt ihn besonders. Der Beamte sah überhaupt keinen Grund, Suu, wie Wadleigh sie nennt, aus ihrer Gefangenschaft zu entlassen. Sie würde nur Probleme bereiten. Aber falls sie doch irgendwie die Macht im Land übernehmen sollte, ließe sich nicht darauf zählen, daß sie dabei eine gute Figur abgeben würde, da keine Frau ein asiatisches Land überzeugend regieren könne. Wadleigh sagte ferner, der Dunkelmann im grauen Anzug habe in einem unbefangenen Moment zugegeben, daß die Vereinigten Staaten trotz offizieller Einstellung der Hilfsleistungen für Burma unterm Tisch Hunderte von Millionen dorthin fließen lassen, um die Junta an der Macht zu halten – Teil eines Deals mit Gas- und Ölrechten.

Mittlerweile machen die Kellner einen Bogen um unseren Tisch, und die SLORC-Leute starren mürrisch auf ihre Teller. Wadleigh berichtet uns, daß ihn in seiner Pension ein Mann aufgesucht habe, um ihn zu fragen, ob er für ihn einen Brief außer Landes befördern könne. Offensichtlich hatte der Mann, der in einem Nachbardorf lebte, für irgendein kleines Vergehen schon ein paar Jahre im Gefängnis verbracht, und er zitterte vor Angst. Wadleigh sagte, er werde sehr gerne als Kurier für ihn tätig sein, und sie vereinbarten ein Treffen für den Abend darauf, doch der Mann ließ sich nie wieder blicken. Er war spurlos verschwunden.

Alle SLORC-Leute samt Familien stehen gleichzeitig auf und verlassen, ohne auch nur einmal zu uns rüberzuschauen, der Reihe nach den Raum.

* * *

In der vorletzten Nacht vor der anstehenden Rückkehr nach Rangun fällt die Elektrizität aus. Die Fenster lassen sich nicht öffnen. Wenn wir nach draußen gehen, fressen uns Schwärme von Moskitos bei lebendigem Leibe. Es ist so heiß, daß wir kaum atmen können. Wir kommen uns vor wie lebendig begraben, dem Stillstand im Räderwerk des Fortschritts preisgegeben. Die ganze Nacht hindurch denken wir daran, wie Wadleigh friedlich unter seinem Moskitonetz schlummert.

Nach dieser Nacht fühlen wir uns elend und krank, beide leiden wir unter einem trockenen Hustenreiz. Lynn hat Mühe zu atmen und leidet offenbar unter einer Verlangsamung ihrer Herzfunktion. Nach unserem Abschied von Wadleigh, der sich mit dem Bus nach Rangun aufmacht, weil er ein letztes Mal versuchen will, dokumentarisches Filmmaterial über Aung San Suu Kyi ausfindig zu machen, verbringen wir den Rest des Tages damit, uns historische Bauwerke anzusehen.

Wir beginnen mit der Besichtigung der Shwesandaw-Pagode, dem ersten Bauwerk, das Anawrahta nach der Rückkehr im Anschluß an seine Eroberung von Thaton errichten ließ und von dem es heißt, es beherberge als Reliquie einige Haare des Buddha. Dann stoßen wir unerwartet auf ein niedriges rotes Backsteingebäude, von dem wir annehmen, in seinem Innern befänden sich eventuell Mönchszellen oder vielleicht Wandgemälde.

Völlig dominant in einem niedrigen, rechtwinkligen Raum ist da ein liegender Buddha. Die Figur ist etwa achtzehn Meter lang, hat ungefähr die Breite und die Länge eines Pottwals. Der Kopf weist eher Richtung Süden statt nach Norden, welches der Tradition nach die Position war, die der Buddha einnahm, als er zwischen zwei Salweiden in Kushinara auf dem Totenlager ruhte.

Das Licht ist sehr gedämpft, und da wir so im Abstand von vielleicht einem oder zwei Metern vor der gewaltigen Figur stehen, fühlen wir uns winzig und unbedeutend. Das schwarze Haar ist gelockt, das Lächeln ernst und in seiner Einwilligung in den Tod unendlich zart und weise. Doch es ist die Haltung der Füße, der linke Fuß ganz leicht auf dem rechten ruhend, die eine beinah unerträgliche Verletzlichkeit und Innigkeit zum Ausdruck bringt.

Wir setzen uns auf den nicht befestigten Fußboden. Es ist kühl und überhaupt kein Geräusch zu hören. Der Rest der Welt ist verschwunden. Wir sitzen sehr lange da, ohne ein einziges Wort zu sprechen.

Lynn erhebt sich schließlich wieder. Sie entnimmt ihrer Börse ein winziges Päckchen und geht dicht an Gautama Buddhas Gesicht heran. Jemand hat schon ein kleines Blumenopfer vor seiner offenen rechten Hand aufgestellt. Sie entnimmt dem Päckchen ein Häuflein Asche: Die Überbleibsel eines Fotos von Ayrev, das wir nach der traditionellen Trauerzeit von neunundvierzig Tagen verbrannt haben. Sie legt die Asche neben die Blumen, zusammen mit der Abschrift eines der letzten von Ayrev verfaßten Gedichte.

Ach, verwandte Seele,
Mitmensch,
was müh'n wir zwei uns ab gegen die Mächte der
Unendlichkeit?
Gottheiten,
bringt uns ans Ende der Welt
(oder wir bringen uns selbst dahin)!
Krieger,
Suchende,
die wir den Sand mit offenen Augen liebkosen –
Du und ich,
wir beschreiten unsere Wege gemeinsam
und getrennt.

Um unsern letzten Abend in Pagan zu feiern, fahren wir mit einem Boot den Irrawaddy stromabwärts, vorbei an der weißen Bupaya-Pagode mit ihrer Vielzahl von zinnenbewehrten Terrassen. Frauen und Kinder baden in Ufernähe. Weiter weg watet eine Gruppe von Mönchen bis zu den Knien im seichten Wasser. Ein alter Mann führt einen Ochsenkarren in den Fluß, um große Holzfässer mit Wasser aufzufüllen – eine Szene, die sich so bereits seit Tausenden von Jahren wiederholt.

> Die dicken Rümpfe der alten Flußboote treiben stromabwärts nach Mandalay.
>
> SOMERSET MAUGHAM

Am nächsten Tag fliegen wir nach Rangun zurück, und dann für eine Übernachtung nach Bangkok, ehe wir nach Kambodscha und zu den Tempelruinen von Angkor Wat und Angkor Thom weiterfliegen.

Auf dem Flug nach Bangkok kommt es bei Lynn zu einer Verlangsamung der Herztätigkeit, sogar zu Rhythmusstörungen. Ihr Kopfweh ist schlimmer geworden, und sie hat Fieber. Mehrere Male fühlt sie sich am Rande einer Ohnmacht. Sie kann kaum noch verhindern, daß ihr der Kopf zur Seite wegsinkt. Während ihre Hand in meiner Hand ruht und ich mich bemühe, meine Besorgnis unter Kontrolle zu halten, überfliege ich ein paar Tageszeitungen aus Thailand.

> Zwei frühere Mitglieder des US-Kongresses sagten aus, daß fünf prominente burmesische Dissidenten, die sie gestern im Gefängnis besuchten, sich offenbar in guter gesundheitlicher Verfassung befänden.
>
> Es war das erste Mal, daß Burmas Militärjunta Ausländern gestattet hatte, in Haft befindliche Dissidenten zu besuchen. In einem kurzen Interview mit Associated Press sagten die ehemaligen Kongreßabgeordneten, die Gefangenen machten einen

gesunden Eindruck und verbrächten nach eigener Aussage ihre Zeit in Meditation.

Die Vereinigten Staaten stellten ihre Unterstützung für Burma 1988 ein, nachdem Soldaten Hunderte, wenn nicht Tausende Zivilisten in einem Staatsstreich, der die Junta an die Macht brachte, getötet hatten.

Nicht erlaubt war es neutralen Vertretern der Öffentlichkeit, die prominenteste in Gefangenschaft befindliche Person, die Friedensnobelpreisträgerin San Suu Kyi, aufzusuchen. Mrs. Suu Kyi steht in Rangun im vierten Jahr unter Hausarrest. Ihre Partei gewann zwar die Parlamentswahlen, kam jedoch nicht dazu, die Macht zu übernehmen.

Als wir in den Bus einsteigen, der uns zum Flughafenterminal bringt, sinkt Lynn zu mir hin und findet dabei an meinem Arm Halt. Wir sind in einem weiteren Zwischenzustand, einem Bardo, einer weiteren Probe vielleicht für das »abschließende Ereignis«.

Sogyal Rinpoche schreibt:

Eins der zentralen Merkmale der Bardos ist: Sie sind Zeitspannen tiefer Ungewißheit. ... Je turbulenter die Welt um uns herum wird, um so bruchstückhafter wird unser Leben. Ohne Verbindung zu uns selbst, abgeschnitten, sind wir voller Sorge, ruhelos und oft paranoid. ... In der modernen Welt zu leben heißt eindeutig, in einem Bardo-Bereich zu leben; um einen Bardo-Bereich erfahren zu können, muß man nicht erst sterben.

Lynn schaut zu mir hoch und bringt dabei ein Lächeln zuwege, als versuche sie, mich zu beruhigen. »Ich bin froh, hier zu sein«, wispert sie. »Wirklich. Ich möchte nirgendwo sonst sein. Alles ist bestens.«

KAMBODSCHA

IN DER LANGEN SCHLANGE VOR DER ZOLLABFERTIGUNG am Flughafen von Bangkok kann Lynn sich kaum noch auf den Beinen halten und verläßt ihren Platz in der Schlange, um sich ganz in der Nähe mit dem Rücken gegen eine Wand hinzusetzen. Und so gesellt sie sich zu einem kleinen Jungen mit einer Baseballjacke der Toronto Blue Jays, der mit überkreuzten Beinen auf dem Boden sitzt und den Kopf in den Händen hält. Im Flughafen von Rangun hatten wir mit dem Vater des Jungen, einem Farmer aus British Columbia, Freundschaft geschlossen. Vor mehreren Monaten war seine Frau an Krebs gestorben, und er beschloß, gemeinsam mit seinem Sohn eine Reise nach Thailand und Burma zu unternehmen. Der Sohn, der acht Jahre alt ist, leidet seit mehreren Tagen unter einem Magen-Darm-Virus und hat im Baderaum des Flughafens schon zweimal erbrochen. Nun sitzen er und Lynn Hände haltend zusammen. Eine Mutter ohne Sohn und ein Sohn ohne Mutter.

Schließlich, nach zwei Stunden Schlange stehen, stellt sich Lynn wieder zu mir, und wir gehen durch den Zoll. Wir haben kaum noch Kraft genug, um es wenigstens bis zum Flughafenhotel zu schaffen.

Ich will sofort unsere Reise nach Kambodscha abblasen, doch Lynn besteht darauf, daß wir die Reise fortsetzen. Unser Zimmer scheint sie wiederbelebt zu haben. Es ist im Stil von Hilton oder Holiday Inn gehalten, mit einem gutbestückten Kühlschrank, Kabel-TV, jeder Menge heißem Wasser, sogar Zimmerservice. Wir sind zurück in der modernen Welt von CNN-Nachrichtenprogrammen und Hollywood-Filmen. Larry King interviewt Henry Kissinger zur Situation in Bosnien – einem weiteren Land, das der Auflösung in Anarchie und ethnische Zwietracht anheimfällt. Ich denke an Kissinger und Nixon zurück, als sie 1973 im Bemühen, die Eroberung von Phnom Penh durch kommunistische Streitkräfte zu verhindern, die Bombardierung von Kambodscha eröffneten; ein Bemühen, das schließlich gegen den erbitterten Protest des Präsidenten vom Kongreß gestoppt wurde. In jenem Jahr regneten über hunderttausend Tonnen »Entwicklungshilfe« vom Himmel herab, töteten unzählige Bauern und Landarbeiter und stärkten ohne Zweifel die Entschlossenheit der Kommunisten, die schließlich 1975 die Stadt einnahmen, viele ihrer Soldaten nicht älter als fünfzehn Jahre. Und dann kam die allerübelste Episode, als Kambodscha zum »Demokratischen Kampuchea« unter Pol Pots Führung wurde, ein Regime, das für das Massaker an über einer Million unschuldiger Menschen verantwortlich war. Diese entsetzliche »Höllenwelt« hatte erst ein Ende, als Vietnam 1979 einmarschierte und für zehn Jahre, bis zum Frühjahr 1989, als Besatzungsmacht im Land blieb.

> Die [Pol Pot] Revolution fegte über das Land hinweg wie ein Waldbrand oder ein Taifun, und ihre Sprecher stellten die Behauptung auf, daß nun »über zweitausend Jahre kambodschanischer Geschichte« zu Ende seien. Zu Ende war es auch mit

Geld, Absatzmärkten, dem Ausbildungssystem, Buddhismus, Büchern, Privateigentum, der Möglichkeit, sich nach Geschmack zu kleiden, und der Bewegungsfreiheit.

DAVID P. CHANDLER
»Kambodschas Geschichte«

Wir bestellen Hühnersuppe und amerikanische Sandwiches und versuchen, uns Dustin Hoffmann in *Hook* anzusehen, schlafen aber nach zwanzig Minuten ein.

Am Morgen ist Lynns Fieber gefallen. Ungeachtet meiner anhaltenden Bedenken und Befürchtungen entschließen wir uns zum Flug nach Phnom Penh. Anscheinend sind wir in einer Bewegung um ihrer selbst willen gefangen, als würden wir durch ständiges Wechseln der äußeren Umgebung irgendwie in unserem Inneren der Einsicht in die Grundwahrheit von der Vergänglichkeit auf die Sprünge helfen. Doch wir haben es ganz furchtbar nötig, mit dem Reisen aufzuhören, an einem Ort, an irgendeinem Ort, vor Anker zu gehen. Lynns Trauer ist stärker, als ich es mir überhaupt vorstellen kann: Als sei auch ein Teil von ihr gestorben.

Die Beziehung zwischen Mutter und Sohn ist bestimmt die tiefgründigste, am stärksten in der gesamten Physis verwurzelte, und die verstörendste aller Beziehungen, wenn sie denn brutal endet. Wir machen weiter, denn anzuhalten bedeutet, von Halluzinationen umzingelt zu sein, außer Kontrolle zu geraten, andauernd Ayrevs Körper auf der Rollbahre im Krankenhaus von Phoenix liegen zu sehen. Die einer anderen Welt zugehörige Ruhe auf seinem Gesicht, die Blutergüsse von tief purpurner Farbe um seine ausdruckslosen Augen herum. Lynn, wie sie sanft das Bettuch hebt, das seinen Körper bedeckt. Äußerlich wies der Körper keinerlei Verletzungen auf. Schlank und von unvergeßlicher Gewandtheit, ein Körper, der nie etwas von Hinfälligkeit, dem zerstörerischen Wirken der Zeit, wußte. Zum Glück faßte sich der junge Internist kurz und war ganz sachlich: »Er ist am Steuer eingeschlafen. Er hatte keine Ahnung, wie ihm geschah.«

Während des Wartens auf den Flug nach Phnom Penh geht es mir wie eine Beschwörungsformel durch den Sinn: Laß die Trauer los. Laß die Freude los. Laß die Angst los. Laß die Vergangenheit los. Laß das Kommen und Gehen los. Laß die Kultur los. Laß das Warten los. Laß das Loslassen los.

* * *

Der Flughafen von Phnom Penh ist reines Chaos, überhaupt kein Vergleich mit der schon ins Surreale überspitzten Form von Kontrolle in Rangun oder der modernen internationalen Hochleistungsrationalität in Bangkok. In der drückenden, den Schweiß in Strömen hervortreibenden Hitze schreit jedermann herum, fuchtelt mit Formularen, entrichtet Abgaben beim Zoll, versucht Koffer zu ergattern. Touristen sind nicht vertreten. Bloß UN-Beamte, kambodschanische Soldaten und einige wenige Geschäftsleute.

Wir nehmen ein Taxi zum Cambodiana, einem großen französischen Hotel am Ufer des Mekong. Der französische Einfluß ist überall greifbar, von den großen, schön angelegten Boulevards über die Straßen-Cafés bis zu den Bäckereien. Die Stadt vermittelt den Eindruck von blank liegenden Nerven und Erschöpfung, als stünde ihr ein weiterer Truppeneinmarsch oder Bürgerkrieg bevor. Prinz Sihanouk soll noch einmal die Staatsgeschäfte übernehmen, aber einstweilen hält er sich noch irgendwo in China auf. Und doch, für einen Moment fühlen wir uns hier wohl. In den Sechzigern, auf der Höhe des Vietnamkriegs, war Phnom Penh bei amerikanischen Soldaten eine für Freizeit und Erholung sehr beliebte Stadt. Jetzt gibt es nirgendwo Amerikaner. Das Hotel ist nahezu leer, abgesehen von ein paar Beamten mit ihren Familien draußen im großen Schwimmbecken, von dem aus man eine spektakuläre Aussicht auf den enorm breiten und gewundenen Mekong hat.

Wir sind zu müde für eine Rundfahrt durch die Stadt oder einen Besuch im Museum, das eine Ausstellung Tausender menschlicher Schädel beherbergt – eine Stätte des Gedenkens an die von den Roten Khmer verübte Orgie völkermordender Besessenheit, die zwischen 1975 und 1979 den Tod von über einer Million Kambodschanern zur Folge hatte.

Wo war ich in diesen Jahren, und was habe ich damals getrieben? Ein Buch geschrieben, ein paar Drehbücher im Verlauf einer Liebesaffäre, die dann scheiterte, mich in Mexiko verkrochen, in Nepal den Dharma studiert, New York überlebt. Drogen, Sex und Rock'n'Roll. Versucht zu meditieren. Ich kann mich nicht mehr an alle Einzelheiten erinnern.

Im Buchladen der Eingangshalle hole ich mir eine Ausgabe von Bangkoks Tageszeitung, der *Nation*. Mehrere Seiten im Mittelteil beschäftigen sich fast nur mit Kambodscha.

Kambodscha befindet sich in einem verheerenden Zustand. Offenbar kann es niemand mehr unter Kontrolle halten. Da die für Mai vorgesehenen Wahlen näherrücken, ist zu erwarten, daß die Wahlkampagne die ohnehin schon brisante Atmosphäre noch verschärft. Die Gewalt wird vermutlich eskalieren, sobald die zwanzig zur Wahl stehenden politischen Parteien ihre Positionen beziehen und Anhänger zu gewinnen versuchen.
Eine Kampagne von brutalen Attacken der Roten Khmer gegen vietnamesische Siedler während der letzten paar Monate hat sich nun in die Städte verlagert, vor allem nach Phnom Penh. Barbarische Anschläge richten sich gegen Restaurants, Geschäfte und sonstige Unternehmen, die sich in vietnamesischem Besitz befinden. ... Wegen der unerträglichen Grausamkeit dieser Attacken und der steigenden Zahl von Todesopfern mußte die UNTAC eine entschiedenere Haltung einnehmen, soweit es darum geht, die Sicherheit der Vietnamesen zu garantieren.

Wir schlafen den Rest des Tages, zufrieden mit unserem Ausblick auf den Mekong, auf dem lediglich einige wenige Fischerboote zu sehen sind.

Am nächsten Morgen zum Frühstück, vor unserem Flug nach Siem Reap, in der Zeitung wieder das Neueste über Greueltaten der Roten Khmer:

Drei Guerillakämpfer der Roten Khmer saßen scheinbar in aller Harmlosigkeit mit UN-Friedenswächtern beim Abendessen zusammen, bevor sie am Ende der Mahlzeit das Feuer eröffneten und drei Bulgaren in einer von den Vereinten Nationen als »kaltblütig« bezeichneten Exekution ermordeten. Das Vorgehen rief Erinnerungen an Säuberungsaktionen der Roten Khmer auf der Höhe ihrer Macht zwischen 1975 und 1979 wach, als Kader, die man als Verräter ansah, zu »Treffen« in die Hauptstadt berufen wurden und man ihnen mit Banketten und Geschenken einen festlichen Empfang bereitete, ehe die Opfer dann unversehens hingerichtet wurden.

Wenn die drei Gifte, die Samsāra ausmachen, die Leidenschaften, auf denen weltliches Leid beruht, Gier, Haß und Verblendung sind, könnte man in Thailand vor allem Gier, in Burma Verblendung und in Kambodscha Haß repräsentiert sehen. Jedenfalls haben wir allem Anschein nach eine Höllenwelt betreten.

»Hölle« scheint in einer grundlegenden Weise wesensverwandt zu sein mit äußerster Aggression. Aggression, die auf solch unaufhörlichem Haß beruht, daß du anfängst, etwas Entscheidendes aus den Augen zu verlieren. Du bist unsicher, gegen wen du eigentlich deine Aggression aufbaust oder von wem deine Aggression aufgebaut wird. Unsicherheit und Verwirrung sind da ständig am Werk. Doch damit nicht genug, du fängst auch noch an, um dich herum ein Umfeld aufzubauen, das ganz und gar Aggression ist.
... Stellen Sie sich vor, Sie sind bei Hitze zu Fuß unterwegs. Vielleicht haben Sie im allerersten Mo-

ment das Gefühl, Ihnen sei nicht sonderlich warm, aber im selben Augenblick geht es damit los, daß Sie andauernd diese heiße Luft abbekommen. So können Sie nicht selbst kühl bleiben, ... denn die Umgebung erzeugt Hitze. ... Es gibt keinen Raum zum Atemholen, keinen Handlungsspielraum. Es gibt da überhaupt keinen Bewegungsspielraum. Der ganze Ablauf des Geschehens überwältigt Sie. ... Was Sie auch um sich herum erblicken, alles ist heiß und intensiv, stickig, äußerst klaustrophobisch.

CHÖGYAM TRUNGPA, RINPOCHE

* * *

Der Flug nach Siem Reap mit einer kleinen Maschine dauert eine Stunde. Es sind ungefähr zwanzig Passagiere an Bord: Ein paar sind französische Touristen, der Rest Kambodschaner, unter ihnen eine alte Nonne in weißer Robe. Das erste Mal, daß wir hier eine Person zu Gesicht bekommen haben, die sich in der Öffentlichkeit als Buddhist/in zu erkennen gibt. Eine Klimaanlage ist nicht vorhanden, aber die schöne Flugbegleiterin schwebt durch das Flugzeug, als wirke sie in einem Reise-Werbespot mit.

In Siem Reap ist es rund 10 °C heißer – die Temperatur schwankt etwa zwischen 38 °C und 43 °C – und viel schwüler als in Phnom Penh. Als die Vietnamesen die Region besetzten, haben die Soldaten den Baumbestand riesengroßer Waldgebiete abgeholzt und die Hölzer nach Vietnam geschafft oder an die nimmersatten Thais verkauft. Dieser Kahlschlag ließ die Temperatur um 5 bis 6 °C ansteigen, eine Katastrophe für die Landwirtschaft der ganzen Region. Draußen ist das Flughafengebäude von UN-Soldaten umstellt, und als wir auf unseren Reisebegleiter zugehen, der draußen in der Nähe eines Kleinbusses wartet, überkommt uns ein Gefühl, als hätten wir Kriegsgebiet betreten.

Unser Begleiter, Samban, ist ein kleiner, dünner Mann im Alter zwischen zwanzig und dreißig Jahren. Er wirkt eigentümlich abwesend, als sei er tatsächlich gar nicht bei uns. Als ich ihn nach den Roten Khmer frage, räumt er ohne weiteres ein, sie hätten in letzter Zeit »ein bißchen für Probleme gesorgt«, meint aber, daß es weiter keinen Grund zu Beunruhigung gibt, solange man nicht von den Wegen abweicht, die zu den Tempeln und um sie herum führen. Nachts legen die Roten Khmer mitunter Landminen aus und Stolperdrähte, die an den Zündern von Granaten befestigt sind.

Wir fahren vorbei an einem Konvoi von UN-Soldaten in weißen Toyota-Geländewagen und dann an einem Union Jack, der vor einem verkommenen zweistöckigen Gebäude gehißt ist, das den UN-Soldaten als Bar dient und »Minenfeld« heißt. Überall UN-Präsenz. Vor ein paar Tagen wurden sechsundzwanzig Kambodschaner von den Roten Khmer ermordet, und die Sicherheitsvorkehrungen sind strenger als gewöhnlich.

Die *Nation* aus Bangkok weiß mehr zu berichten:

> Mutmaßliche Guerillakämpfer der Roten Khmer haben, nach Aussage eines UN-Beamten, Mittwoch nacht bei einem Gewehr- und Raketenangriff auf den Video-Saal eines Dorfes in Zentralkambodscha sechsundzwanzig Menschen getötet und zwanzig verletzt.

> Es war das dritte Massaker innerhalb von drei Wochen, bei dem man annimmt, es sei von der radikalen Gruppierung ausgeführt worden. Sämtliche Dorfbewohner, ausnahmslos Angehörige der Khmer-Volksgruppe, waren unbewaffnete Zivilisten.

Die Agence France-Presse ergänzt:

> Mutmaßliche Guerillakämpfer der Roten Khmer nahmen von der Küste aus eine Gruppe vietnamesischer »Boat People« unter Beschuß, die sich der ethnischen Säuberungskampagne durch Flucht entziehen wollten. Dabei wurde ein kleines Mädchen verletzt, sagte gestern ein UN-Sprecher.
> Die bewaffneten Männer eröffneten das Feuer im selben Küstenabschnitt der Provinz Kompong Chang, in dem mutmaßliche Guerillakämpfer der Roten Khmer in der vorigen Woche acht vietnamesische Fischer erschossen oder erschlagen hatten.

Siem Reap hat etwas von einer heruntergekommenen, bunt zusammengewürfelten Grenzstadt an sich, was sie in gewisser Weise ja auch ist. Wir wohnen im Hotel Ta Phron, da es in dem französischen Hotel, das wir ursprünglich gebucht hatten, derzeit kein Wasser gibt. Das Ta Phron ist ein weißes, vierstöckiges Gebäude an der Uferstraße des verschmutzten Flusses Siem Reap, der mitten durch die Stadt fließt. Kleine Kinder baden in dem nahezu stillstehenden Wasser, offensichtlich ohne jeden Gedanken daran, daß über 40 Prozent der etwa sechzigtausend Menschen zählenden Bevölkerung früher oder später an Malaria erkranken.

Es gibt keine Telefone oder öffentlichen Verkehrsmittel in Siem Reap, und die Stromversorgung fällt ständig aus. Unser sauberes und ruhiges Hotel hat sogar ein kleines Restaurant, das französische, kambodschanische und chinesische Gerichte serviert. Erstaunlicherweise gibt es einen Fernseher auf dem Zimmer, der, wenn Strom da ist, ein BBC-Nachrichtenprogramm für Asien empfängt, das sich jetzt fast nur noch mit der Situation Hongkongs innerhalb des Interessenkonfliktes von Briten und Chinesen befaßt.

Nach dem Mittagessen bringt Samban uns nach Angkor Wat – der Welt größtes religiöses Monument. Der erste Europäer, der Angkor Wat »entdeckte«, war Henri Mouhot, ein exzentrischer französischer Botaniker, der 1860 per Zufall darauf stieß. Sein Tagebuch ist voll von romantischer Schwärmerei über das Auffinden eines Monuments, vergleichbar »mit dem Tempel des Salomon und errichtet von einem Michelangelo eines anderen Zeitalters«. Doch weder Mouhot noch die paar Engländer, die sich damals dorthin verirrten, sahen die Ruinen als etwas ausgesprochen Spirituelles an. Sie waren in erster Linie kulturelle Materialisten, eher mit der Frage befaßt, wie groß das alles war und wer es erbaut haben könnte. Es gab eine Menge Spekulationen über die Römer oder gar Alexander den Großen als Urheber. Bloß nicht über die Kambodschaner, die sie als primitiv, als geborene Faulpelze und – gar keine Frage – als minderwertig ansahen.

Mouhot starb ein Jahr später in Laos, den Mekong flußaufwärts, an Fieber. Eine neuere Theorie stellt zur Debatte, Angkor Wat sei im vierzehnten Jahrhundert aufgrund einer Malariaepidemie verlassen worden, hervorgerufen durch die gigantischen Reservoirs und Bewässerungssysteme, die in dem Moment, als das Wasser zur Neige ging, zu unbewegten Tümpeln, zu regelrechten Malariabrutstätten wurden. Vielleicht war Mouhots Fieber Malaria und ging auf eben diese Tümpel zurück.

Wir fahren vier Kilometer weit an einem enormen, halbleeren Wassergraben entlang, wo Wasserbüffel, umgeben von Büscheln üppiger Hyazinthen, im trüben Wasser liegen. Wir halten vor einer mit zwei steinernen Löwen bewehrten Brücke, die auch als Damm dient und zu einer kolossalen Konfiguration von Pavillons und Steintürmen hinführt: Angkor Wat, die Tempelstadt.

Nichts rührt sich in der lähmenden Hitze. Ein paar Bettler starren uns mit leeren Blicken an, als wir die Brücke überqueren, die auch für eine Armee oder eine Elefantenparade genügend Platz zu bieten scheint. Auf halbem Weg kommen wir an einem verkrüppelten Musiker vorüber, der unterhalb der Statue einer Kobra mit auseinandergespreizten Halsrippen, einem Nāga, einer klassischen hinduistischen Wassergottheit, sitzt. Der Musiker spielt immer und immer wieder dieselben zwei melancholischen Töne auf einer kambodschanischen Violine. Der an einen Grabgesang gemahnende Klang folgt uns nach, so als näherten wir uns einer ausgestorbenen Festung voll verbotener Geheimnisse und schwer verständlicher Rituale.

> Das Königreich der Khmer ist vergangen, wie alle weltlichen Reiche vergehen, wie all unser kurzes menschliches Dasein vergehen muß.
>
> PAUL BRUNTON

Mit seiner Grundstruktur nimmt der architektonische Entwurf von Angkor Wat Bezug auf die fünf Gipfel des Berges Meru, eine uralte kosmologische Vorstellung der Hindus von einem »Weltenberg«, der, umringt von den Meeren und Kontinenten, im Mittelpunkt des Universums steht. Der Wassergraben entspricht dem Ozean und die ringsum das Gelände umschließenden Wälle den Bergen, die den zentralen, vom Berg Meru überragten Kontinent umgeben. Eigenartigerweise hat man von Westen her Zugang, im Gegensatz zu den meisten Tempeln, die nach Osten ausgerichtet sind. Dies hat verschiedenen Theorien Auftrieb gegeben, daß der Bau von Angkor Wat der doppelten Bestimmung gedient habe, Tempel und Grabmal zugleich zu sein.

In dem Bereich innerhalb des äußeren Walls mit seinen wie Pockennarben wirkenden, von Kugeln hinterlassenen Einschußspuren nimmt uns eine andere räumliche Dimension in Anspruch: als wären wir von dem Mechanismus einer riesengroßen esoterischen Uhr umfangen, nur daß wir nicht imstande sind, zu erkennen, welche Zeit sie anzeigt oder nach welchem Kalender hier vorgegangen wird. Das innere Wirken des Angkor-Wat-Mandalas wird uns, in Unkenntnis der Grandiosiät – oder auch Grausamkeit – der damit verbundenen uralten Tradition, für immer ein Geheimnis bleiben. Alles, was wir haben, sind Broschüren mit Reiseinformationen, Geschichtsbücher und eine trübsinnige Litanei von Fakten aus unserem Touristikhandbuch, und all das kommt uns – verglichen mit der realen Gegenwart von Angkor Wat – vollkommen unangemessen vor.

Aufgrund der genauen Ausrichtung dieser räumlichen Bezüge auf Vorstellungen von kosmischer Zeit und aufgrund der außerordentlichen Genauigkeit und Symmetrie aller Abmessungen in Angkor verdichtet sich der Eindruck, daß der Tempel wahrhaftig ein kodierter religiöser Text war, der von Eingeweihten gelesen werden konnte, wenn sie sich, dem Verlauf seiner Wandelgänge folgend, von einer Dimension zur andern bewegten.

DAVID P. CHANDLER
»Kambodschas Geschichte«

Unser eigenes subjektives Zeitempfinden ist mittlerweile ebenfalls völlig zusammengebrochen. Wir wissen kaum, welchen Tag, ja welchen Monat wir haben. Bei Lynn ist offenbar ihr Wille das einzige, was sie noch in Gang hält, als ob sie durch beharrliches Festhalten an ihrer Rolle als Berufsfotografin irgendwie die Stärke zum Weitermachen fände. Es gibt ihr Stärke, während es sie zugleich aber auch schwächt. Stunde um Stunde wird sie zusehends schwächer. Ihr Blick, ununterbrochen damit beschäftigt, Raum- und Lichtverhältnisse abzuschätzen, fängt an, sich nach innen zu wenden und in eine endlose Spirale von Erinnerung und Trauer abzudriften.

Wir taumeln durch die monumentale Erhabenheit dieses Grabmals, dieses Tempelbergs, der nicht so sehr Trost oder Zuflucht bietet, wie er Ehrfurcht einflößt – und sogar einen Schauer atavistischer Angst vor dem umfassenden Wissen, auf dem seine Präzision basiert. Das ist ein Kraftort, eine Totenstadt, einst regiert von hinduistischen Devarājas, Himmelskönigen. Bei ihnen allen hatten Shiva und Vishnu in der religiösen Kunst und Bildhauerei ebensogut ihren Platz wie der Buddha. Gigantische Lingams, stilisierte Phallus-Darstellungen, finden sich da Seite an Seite mit Buddha-Statuen und Endlos-Flachreliefs mit Szenen aus den beiden großen indischen Epen, dem *Mahābhārata* und dem *Rāmāyana.* Besonders ein riesengroßes Flachrelief zieht uns durch die flüssige Eleganz seiner Darstellung in seinen Bann, es stellt den hinduistischen Schöpfungsmythos »das Meer von Milch umrühren« dar. In gemeinsamem Bemühen von Göttern und Dämonen wird der gigantische Schlangenkönig Vāsuki zwischen dem Affengott Hanuman und einer Reihe von Dämonen hin und her gezogen. Vāsuki hat sich um den Berg Mandara geschlungen, getragen von einer gigantischen Schildkröte, die sich im »Meer von Milch«, dem Ozean der Unsterblichkeit befindet. Während Vishnu über dieses göttliche Wechselspiel der Gegensätze wacht, versetzen die Götter und Dämonen den Berg in Rotation und rühren so das Meer zu Schaum. Dabei sondert sich eine Samenflüssigkeit ab, die ein göttliches Ambrosia hervorbringt, *Amrita,* die Essenz oder das Elixier des Lebens. Vieles auf diesem Flachrelief hat dadurch, daß über Jahrhunderte hinweg die Besucher des Heiligtums die Figuren ehrerbietig angefaßt haben, an Kontur verloren, aber insgesamt ist es noch ganz vorzüglich erhalten.

Lynn steht wie erstarrt vor dem göttlichen Spiel von Leben und Tod, das die Mächte der Unterwelt und die Götter des Himmels gemeinsam treiben. Jüngst hat Lynn in dem Bemühen um eine persönliche Vorladung bei den finsteren Mächten ihre eigenen Reisen in die Unterwelt unternommen, zu jedem Handel bereit, um ihren Sohn zurückzubekommen. Und doch, während sie in die Finsternis von Ärger, Frustration und Trauer verschwindet, sammelt sich das Licht. An der Schlange wird gezogen. Das Meer brodelt.

Sie entfernt sich, um die gewaltigen Steintreppen zu fotografieren, die weniger den Eindruck vermitteln, daß sie zur Hauptpyramide hinaufgeleiten, als daß sie den Aufstieg zu verbieten scheinen. Während ich achtgebe, daß ich nicht ins Blickfeld von Lynns Kamera gerate, kommen mir einige Gedanken an die Thronfolge-Linie der Khmer-Könige, innerhalb deren Regentschaft sich der Übergang vom Hinduismus zum Buddhismus – und umgekehrt – offenbar so mühelos vollzog. Sie alle ließen ihre monumentalen Bauwerke von Sklaven errichten und waren von einer Hierarchie aus Priestern, Kaufleuten und Landarbeitern umgeben – ein System, das oberflächlich der Klassenstruktur bei den alten Ägyptern und bei den Mayas zu ähneln scheint. Suryavaram der Zweite, der sich im zwölften Jahrhundert mit Angkor Wat ein Denkmal setzte, war ein Verehrer von Vishnu. Sein Vorgänger, Suryavaram der Erste, hat, obgleich selbst Hindu, die buddhistische Weisheitslehre unterstützt. Auf Suryavaram den Zweiten folgte nach dessen Tod Dharanidravarman der Zweite, ein begeisterter Buddhist.

Es ist diese unbefangene Mischung aus Hinduismus und Buddhismus, die Angkor Wat seine einmalige Charakteristik gibt. Doch dieser Überfluß an religiöser und mythologischer Erzählkunst, umgeben von massiv in die Höhe strebenden Bauten, ist letzten Endes zu betriebsam und zu formal, als daß man ihn sich innerlich zu eigen machen könnte: als habe Suryavaram der Zweite dadurch, daß er mit diesem Denkmal – welches er sich als Devarāja setzen ließ – auch einen Bezug zu religiöser Macht und zur Politik hergestellt hat, die Erfahrung von Leerheit, wie sie mit spiritueller Verwirklichung einhergeht, kompromittiert.

Im Jahr 1296 lieferte Zhou Daguan, ein chinesischer Diplomat, eine Beschreibung der exzessiven Prachtentfaltung im höfischen Leben der Khmer:

> Wenn der König seinen Palast verläßt, wird der Zug von Militär angeführt; dann kommen die Flaggen, die Banner, die Musik. Als nächstes ein Großaufgebot von Palastmädchen, dreihundert bis fünfhundert an der Zahl, in leuchtende Farben gekleidet, mit Blumen im Haar und Kerzen in den Händen. Danach weitere Mädchen, die Leibwache des Palastes, mit Schild und Lanze ausgerüstet. ... Den Ministern und Prinzen, die auf Elefanten sitzen, gehen Träger scharlachroter Sonnenschirme mit Nummern voran. ... Schließlich folgt der Auftritt des Souveräns, der aufrecht auf einem Elefanten steht und ein geheiligtes Schwert in der Hand hält. Zum Geleit dieses Elefanten, dessen Stoßzähne mit Gold überzogen sind, gehören die Träger von zwanzig weißen Sonnenschirmen ...

Das Krachen eines Gewehrschusses erschallt aus dem uns umgebenden Dschungel. Augenblicklich ist es um die magisch dichte Atmosphäre des Ortes geschehen, und ich bin mit meinen Gedanken wieder in der Gegenwart – bei den Roten Khmer, die es wenig kümmert, ob sie nun Buddhisten oder Hindus umbringen, oder auch einen Touristen oder UN-Beobachter hier und da.

Lynn steht im Schatten eines nur zur Hälfte von einer Mauer eingefaßten Balkons. Hinter ihr stellt ein in Sandstein geschnittenes Flachrelief eine groteske Auswahl von Wesen dar, die sich durch die Qualen der Hölle kämpfen. Einige werden von Tigern verschlungen, während andere von Dämonen gehäutet und enthauptet werden. Über ihr ein turmhoch aufragender Tempel, massiv, unerbittlich, eher unzugängliche Festung denn Zuflucht für ermüdete Pilger.

Ein weiterer Schuß kracht. Diesmal näher.

»Sie knallen Vögel ab«, murmelt Samban nervös. »Bald wird es keine Vögel mehr geben. Genau wie mit den Affen. Die Vietnamesen haben für ihr Essen sämtliche Affen erlegt. Jetzt gibt es keine Nahrung mehr im Dschungel. Genau wie mit den Bäumen. Die Vietnamesen haben die ganzen Bäume gefällt und an die Thais verkauft.«

Während wir zum Hotel zurückfahren, erzählt uns Samban, daß die Vietnamesen in Siem Reap verhaßt sind. Tags zuvor haben die Roten Khmer sechsunddreißig in einem Dorf am Mekong-Ufer lebende Vietnamesen umgebracht, Teil einer Offensive, die sämtliche vietnamesischen Siedler über die Grenze zurücktreiben soll. Er zeigt mir eine Ausgabe der *Phnom Penh Post* von der letzten Woche:

> Das Massaker an unbewaffneten Angehörigen der vietnamesischen Volksgruppe von Phum Chong Kneas auf dem Tonle Sap in der Provinz Siem Reap kam für die UN-Marinebeobachter dieser Region oder für die Dorfbewohner selbst nicht überraschend. Tatsächlich war die Attacke seit einem Monat erwartet worden und die UN-Beamten in

Phnom Penh darüber informiert gewesen. Doch die UN und die Opfer waren, wie es auf beiden Seiten heißt, nicht in der Lage, sie abzuwenden.
Der Menschenrechtsbeauftragte der UN, Dennis McNamara, bezeichnete das Massaker als »eine tragische Wiederholung« der von den Roten Khmer zwischen 1975 und 1979 verübten Greueltaten und plädierte für eine Verstärkung der UN-Patrouillen. Doch der Kommandeur der UN-Marinebeobachter in Siem Reap, Kapitänleutnant Gary Boyd, sagte letzte Woche, man sei außerstande, die Vietnamesen vor künftigen Attacken zu beschützen. Die Dorfbewohner, deren eigene Schußwaffen von kambodschanischen Behördenvertretern (SOC) beschlagnahmt worden waren, als die UNTAC mit dem Versprechen, Frieden zu schaffen, ins Land kam, haben nun in panischer Angst die Flucht angetreten.

Samban sitzt die Angst vor den Roten Khmer tief in den Knochen. Mit gewinnender, seltsam unbeteiligter Stimme berichtet er uns von der Besetzung des Landes durch die Roten Khmer nach dem Bürgerkrieg. Sämtliche Anwälte, Ingenieure, Buchhalter und Angehörige vieler anderer Berufe brachten sie um; so auch seinen Vater, der Lehrer war. Den buddhistischen Mönchen wurde die Wahl gelassen zwischen dem Ablegen ihrer Roben, um dann auf den Feldern zu arbeiten, oder der Exekution. Erstaunlich viele trafen die Entscheidung, sich exekutieren zu lassen.

* * *

Den Rest des Nachmittags verbringen wir in unruhigem Schlaf. Ich wache auf und weiß nicht, wo ich bin. Mir gegenüber liegt Lynn noch im Schlaf, in Schweiß gebadet. Ich fasse mit meiner Hand an ihre Stirn. Sie hat hohes Fieber.

Angkor Wat hat mich gleichermaßen überwältigt wie inspiriert. Dabei kommt es mir so vor, als sei ich durch meinen Wunsch nach Linderung, nach einem Moment der Transzendenz oder auch nur, auf einer banaleren Ebene, nach einem Katalysator, der unsere auf einen Tiefpunkt abgesunkenen Energien wiederbeleben könnte, in meine eigene Falle getappt. Das Großartige der schieren Massivität von Angkor Wat, das Gewicht und das Übermaß der bildlichen Darstellungen, das alles bedrückt mich jetzt. Wenn ich um seine Mauern herumgehe oder die Schatten seiner Tempel durchquere, empfinde ich den lastenden Druck seiner religiösen Ambitionen als niederschmetternd. Es scheint da in den durch Angkor Wat statuierten Ansprüchen kein Mitgefühl zu geben. Die Geometrie seiner Konstruktion verlangt nicht so sehr nach Aufgabe des Ich wie nach einem Niederlegen der Waffen, nach Aufgabe weltlicher Ambitionen, nach Loyalität mit einer größeren Macht, so als könne solch einer Darstellung von Größe niemand etwas entgegensetzen.

Ich bin verwirrt von der Grandiosität dieses Anblicks, davon, wie weitgehend die Tempel und der gesamte Komplex im Unterschied zu allem Übrigen dem enormen Zerfall in diesem trostlosen Land standgehalten haben. Zu allem Überfluß hege ich den Verdacht, einen Sonnenstich bekommen zu haben.

Auf ein abgerissenes Stück Papier neben meinem Bett gekritzelt, ein Memo an mich selbst:

Ich habe das Ende von etwas erreicht. Einer Definition des Ich, die immer an meiner Seele festhing wie ein gepanzertes Krustentierchen. Warum will ich nicht zugeben, daß Mitgefühl direkt aus der Erfahrung des Nicht-Ich entspringt? Mein Glaube an den Bestand eines Ich oder Ego ist in seinem endlosen Manövrieren hinterhältig und unverbesserlich, und er begünstigt eine nihilistische Mixtur, die schon immer auf raffinierte, infantile Art verlockend für mich war – als könne ich dadurch, daß ich zum Ende vorzudringen versuche, irgendeiner Art von Ende, dem Ende alles Bekannten, mir eine vordergründige Leere zunutze machen, die zeitweilig Wohlbehagen und weltliche Souveränität zu bieten scheint, wie unter Drogeneinwirkung, das süße und verführerische Nichts von Heroin oder Opium, die Ganzheit des Todes, die weltliche Souveränität von Verneinung. Und dann das unvermeidliche Zurückverfallen in die Hoffnung auf einen Neuanfang. In einen Glauben an die Heiligkeit des »Neuen«. Doch es gibt kein Alt und es gibt kein Neu, und Anfangen und Zuendegehen sind an sich eine Illusion.

Nihilismus bedeutet, jeweils bei den momentanen Umständen von relativer Wahrheit hängenzubleiben und an ihre Realität zu glauben, weshalb man tatsächlich etwas Substantielles wahrzunehmen scheint.

THINLEY NORBU RINPOCHE

Trauer bringt dich an diesen Punkt. Sie umklammert dich mit Verzweiflung, sie gibt dem Leid eine fest und beständig erscheinende Form, so als sei Leid ein authentischerer Geisteszustand als Transzendenz oder Gleichmut. Trauer sorgt für einen zentralen Bezugspunkt und für Achtsamkeit. Sie macht dich empfänglich für die großartigsten Unterweisungen. Trauer und der Abgrund des Verlustes erweckten in mir das Verlangen nach Einweihung und Zuflucht, und wenn dieses Verlangen – unweigerlich – wieder zum Erliegen kommt, drohen Dumpfheit und spirituelle Erschöpfung. Im Zwielicht nachlassender Trauer tritt der Nihilismus, dieser verführerische Zuhälter, einmal mehr in Erscheinung, lacht einem vom Eingang aus zu wie ein alter Freund, der Bescheid weiß über die Macht von Verneinung und spirituellem Narzißmus, der größten aller Fallen. Man verliert sich in den Schmerz, in panische Angst vor der Vergänglichkeit, in nichtige Leere, verliert sich in die vom Verlust hinterlassene Zerrüttung. Und wenn das Sich-Öffnen zu einer größeren Wahrheit hin nicht von Dauer ist und alte Gewohnheiten sich wieder in den Vordergrund drängen, um ihren alles Neue erstickenden Platz abermals zu beanspruchen, dann sucht der Geist, mein Geist jedenfalls, ständig mehr Eindrücke, mehr Abenteuer, mehr, womit er sich identifizieren kann. Nicht zu reden von der exzentrischen Signatur einer persönlichen Sprache, die jeden Moment in die Illusion einer Worthülse hineinstecken möchte.

Obgleich Ayrev ständig bei mir ist und ich ständig seinen Verlust erfahre, ist doch ein Großteil meines Schmerzes eine Vergegenwärtigung von Lynns Schmerz, ein Wissen darum, daß ihr Verlust über alles hinausgeht, was ich jemals erfahren habe. Lynn hat einmal gesagt, daß seine Geburt wie das Herstellen einer Verbindung zwischen zwei Herzen war, zwischen ihrem ureigenen und dem, das mit ihrem Sohn verbunden war. Nun hat eins ihrer Herzen zu schlagen aufgehört, was sie mit der Erfordernis konfrontiert, über die Gewohnheiten ihres dualistischen Geistes hinaus einen Sprung zu vollziehen, hin zu einem größeren Herzen, das über ihr Herz und über das von Ayrev hinausreicht. Das ist eine Notwendigkeit, nach der ich mich sehne, dieser Alles-oder-nichts-Sprung über das begriffliche Ich hinaus, und doch ist alles, was ich hier habe, das dumpfe Pochen meines eigenen Herzens, der saure Geschmack von Frustration und ein Geist, der mit der einfachsten Wahrheit Mühe hat, wie der, daß Leid und Freude dasselbe sind.

All dies Tun hat nicht mehr Sinn als das Umhergehen in einer Wüste.
All dies Bemühen verhärtet meinen Charakter,
all dies Denken bestärkt mich bloß in meiner Verblendung.
Was weltliche Wesen für den Dharma halten, ist die Ursache dafür, daß ich mir selbst Fesseln anlege.

All dieser Kraftaufwand führt zu keinem Ergebnis,
all diese Ideen bringen kein bißchen Verwirklichung.
All die zahlreichen Bedürfnisse sind niemals zu befriedigen.
Möge ich, indem ich Abstand nehme vom Tun,
imstande sein, über die mündlichen Weisungen zu meditieren.

DUDJOM RINPOCHE

> Im Leben nicht glauben Nihilisten, daß das Bewußtsein und die Umstände duch Karma entstehen, welches von Gewohnheiten hervorgebracht wird, die im Ālaya verankert sind, der Basis des Geistes. Sie sind der Auffassung, Bewußtsein sei unbedingt auf Materie angewiesen und, wenn der Tod eintritt und die materiellen Bedingungen nicht mehr bestehen, höre der Geist ebenfalls auf zu bestehen. … Wenn man annimmt, Geist existiere nur aufgrund von materiellen Phänomenen, hat man nicht erkannt, daß materielle Phänomene nur aufgrund von Geist existieren.
>
> THINLEY NORBU RINPOCHE

Ich gehe ins Badezimmer, um mich zu duschen, doch kein Wasser kommt aus dem Wasserhahn.

Ich bin dieser Empfindung von Dringlichkeit untreu geworden. All meine kleinen Worte sind kleine Gedanken; und all meine kleinen Gedanken sind zu kleinen Worten geworden. Seit Monaten bin ich in einer unbewußten Art und Weise mit diesem Geschenk der Trauer umgegangen, und nun fühle ich mich meiner inneren Blindheit ausgeliefert, schlecht gerüstet für die Einsicht, daß ich an meinem Leid ebenso hafte wie an alldem, woran ich Freude habe.

Jemand mit klarer und direkter Einsicht, bei dem durch etwas, das ihn zutiefst bewegt, ein Dringlichkeitsempfinden *(samvega)* geweckt worden ist, wird bei sich eine Freisetzung von Energie und Mut erfahren, die ihn befähigt, seine furchtsamen Zögerlichkeiten und seine starre Lebens- und Gedankenroutine zu durchbrechen. Wenn dieses Dringlichkeitsempfinden lebendig erhalten wird, wird daraus die für das Werk der Befreiung erforderliche Ernsthaftigkeit und Beharrlichkeit erwachsen. Daher sagten die Meister seit alters:

Genau diese Welt hier ist unser Handlungsschauplatz.
Was es zur Offenbarung des heiligen Pfades braucht, beherbergt sie, sowie genügend Dinge, die Selbstzufriedenheit zu brechen.
Laß dich wachrütteln von Dingen, die das Herz zutiefst erschüttern können,
und bist du einmal wachgerüttelt, gehe deinen Weg in Weisheit,
und stelle dich der Herausforderung!

NYANAPONIKA THERA

* * *

Wir sind zu übermüdet und zu krank, um jetzt noch Angkor Thom bei Abendlicht erleben zu wollen. Der Bronchialkatarrh, den ich mir in Pagan zugezogen habe, ist stärker geworden, und Lynns Fieber will nicht weggehen. Doch am nächsten Morgen, nach einer Nacht voll heftiger Träume, fährt Samban uns nach Angkor Thom, zu jenem Heiligtum, das uns in erster Linie nach Südostasien gezogen hat. Nach Ayrevs Tod ging Lynn ein Bild, das sie in einem Buch über östliche Architektur gesehen hatte, nicht mehr aus dem Sinn: Ein Bild von vier Buddha-Gesichtern, am südlichen Eingangstor des Bayon-Tempels von Angkor Thom in Stein gehauen. Die halb geschlossenen Augen der Buddhas und ihr geheimnisumwittertes Lächeln schienen, mit geradezu göttlichem Humor, ein Gewahrsein von Leid und ein

Einverständnis damit zu versprechen. Und wirklich, was dieser von Jayavarman dem Zweiten im Jahr 1181 der Religion zuliebe erbauten Stadt viel von ihrem Nimbus gibt, sind die Bildnisse, welche die Mahāyāna-Ideale von Weisheit (personifiziert durch die Gottheit Prajñāpāramitā), Mitgefühl (der Buddha Lokeshvara) und Erleuchtung (Shākyamuni Buddha) anschaulich machen.

Wir gehen in Richtung des monumentalen Eingangstores, vorbei an Riesen *(asuras)* und Engeln *(devata)*, die an den Körpern zweier mächtiger Schlangen ziehen. Eine Reihe von Buddha-Köpfen steht auf der anderen Seite. Mehrere von ihnen fehlen, und Samban hält an, um einen leeren Platz zu inspizieren. Der Kopf ist erst unlängst abgesägt worden. »Andauernd stehlen sie die. Jenseits der Grenze in Thailand bekommen Diebe 300 000 oder 400 000 Dollars für einen Kopf«, klärt er uns über die Situation auf.

Die *Bangkok Post* liefert einen weiteren Bericht:

> Die bislang letzte aus Kambodschas Angkor-Tempeln verschwundene Statue befand sich im Innenhof eines modernen Palastes, 200 Meter von einer Polizeiwache entfernt.
> Die Statue hatte 1000 Jahre tropischer Witterung, die Hämmer europäischer Souvenirjäger des 19. Jahrhunderts und Jahrzehnte voller Krieg und Aufruhr in Kambodscha überstanden.
> Die Statue von der Größe eines Menschen und mit einem Gewicht von mehr als 100 kg wurde vergangene Nacht aus dem Hof von Prinz Norodom Sihanouks nördlichem Palast gestohlen.

Das seltene Stück aus dem neunten Jahrhundert, eine weibliche Gottheit, die ihren Kopf an eine vorherige Generation von Plünderern verloren hatte, war erst im Januar auf dem Hof aufgestellt worden.
In derselben Woche wurden fünf Steinköpfe vom Nordtor des Angkor-Thom-Tempels als gestohlen gemeldet.
Am 10. Februar stürmten 50 bewaffnete Angreifer auf Motorrädern durch Siem Reap, schossen mit Raketenwerfern und Sturmgewehren, brachen in die Kunsthochschule ein und stahlen 11 Stücke, die nach Aussage der UN-Behörde in Kambodscha auf dem offenen Markt $ 500 000 wert sein könnten.
Siem Reaps Polizeichef, Oberst Chea Suphat, sagte, seine Einheit habe weder genügend Männer noch die sonstigen Mittel, um wirkungsvoll gegen den Kunstraub in Angkor vorgehen zu können.
»In einem Land ohne Rechtsordnung, in dem die Bevölkerung über neue Gesetze nicht Bescheid weiß und weder die Religionsgeschichte noch die regionalen Bräuche kennt, steht man dem Schutz kostbarer Denkmäler verständnislos gegenüber. Was soll man machen«, sagte er.

Ich frage mich, ob ein paar von diesen Köpfen bereits im Hinterzimmer meines alten Freundes Orin in Bangkok verschwunden sind. Anscheinend zählt das Rauben und Plündern zu den primären menschlichen Instinkten. Der Akt bloßer Kenntnisnahme und Betrachtung – Shamatha-Vipashyanā, Entwicklung von Geistesruhe und

Einsicht – ist zuviel verlangt. Dann ist es doch immer noch besser, sich ein paar Dharma-Unterweisungen herauszupflücken und sie in westlichen Boden zu verpflanzen, als das Erbe eines Landes auszuradieren.

Drinnen im Bayon kommen alle Gedanken an gegenwärtige und vergangene Unstimmigkeiten zum Erliegen. Sogar unsere eigenen Gebrechen, so gravierend sie auch sind, scheinen vorübergehend belanglos. Innerhalb der Stadtmauer sind wir von intensiver Stille umgeben. Die Stille sickert in uns hinein, durchdringt die Steine und ergießt sich in die breiten Gänge. Obendrüber erheben sich, in klaustrophobischer Überfülle, vierundfünfzig Türme, jeder mit vier Buddha-Köpfen geschmückt, jedes Lächeln, jeder Blick anders, und doch irgendwie gleich; denn ihnen allen gemeinsam ist dieser von Weisheit erfüllte Ausdruck des Mitgefühls. Die Gesichter tragen individualisierte Züge, als habe Jayavarman in seiner Eigenschaft als Dharmarāja die allgemeinere Wirklichkeit des Buddha mit seinen Persönlichkeitsmerkmalen ausgestattet. Darunter befinden sich Flachreliefs mit Darstellungen aus dem Lebensalltag unter Jayavarmans Regentschaft, die die dicken Mauern von oben bis unten bedecken. Im Unterschied zu den Flachreliefs von Angkor Wat, die sich mit Hindu-Mythen befassen, zeugen diese Steinmetzarbeiten von einem Interesse an den gewöhnlichen Menschen. Auf einer Stele für den König heißt es: »Er litt mehr unter den Gebrechen seiner Untertanen als unter seinen eigenen, denn es ist des Volkes Schmerz, der den Schmerz der Könige ausmacht, nicht ihr eigener.«

Niemand scheint so recht zu wissen, warum Jayavarmans Königreich untergegangen ist, wenngleich spätere

Quellen zweihundert Jahre danach vom Vormarsch des siamesischen Hīnayāna, der Eroberung von Angkor Wat und einem Massaker an Mahāyāna-Priestern berichten. Es hat etwas Faszinierendes, über den inneren Zusammenbruch des Mahāyāna zu spekulieren. Die Gründe dafür, daß er sich nicht behaupten konnte, mögen durchaus auf persönlicheren Umständen beruht haben als bloß auf Krieg oder Eroberung. Vielleicht legten Jayavarmans persönliche Eigenarten und sein Stolz den Keim zur Zerstörung seines Königreichs; vielleicht erwuchs aus seiner Rolle eines »lebenden Buddhas« eine Angreifbarkeit, die selbst durch seine so große königliche Macht nicht aufgewogen werden konnte. Als Dharmarāja ist er sicher auch mit den Texten von Nāgārjuna, dem Vater des Mādhyamakā-Buddhismus, vertraut gewesen, der auf die Frage, warum er sämtliche Lehrmeinungen seiner Widersacher zunichte mache, geantwortet hat: »Es gibt keine Lehren. Die einzig wirkliche Lehre für einen Buddhisten besteht in der Demontage von Lehren.« In dem so stark romantisierenden Kraftfeld, das von Angkor Thom ausgeht, könnte man sich durchaus vorstellen, Jayavarman habe eine derart mystische Realisationsebene erreicht, daß er sein eigenes Königreich ganz bewußt demontiert und so sich selbst einer höheren Ordnung zuliebe aufgegeben habe. Sei's drum – was auch immer den Untergang dieses Mahāyāna-Idealbildes herbeigeführt haben mag, selbst Ashoka, der größte Dharmarāja, Eroberer von Indien im dritten Jahrhundert vor unserer Zeitrechnung, kam nicht umhin, am Ende seines Lebens seine Ohnmacht in weltlichen Dingen anerkennen zu müssen:

Wer also könnte dem Ausspruch des Gesegneten widersprechen, daß »alles Glück die Ursache von Unglück« ist? Gautama, aus dessen Worten die Wahrheit spricht, hat dies hervorgehoben, und natürlich hatte er recht! Mir gehorcht man heutzutage nicht mehr; gleich, welche Befehle ich auch zu geben gedenke, ihnen allen wird zuwidergehandelt, ganz wie bei der Strömung eines Flusses, die umgekehrt wird, sobald sie gegen einen Felsvorsprung schießt.

Und er fügt hinzu:

Einst herrschte er über die Erde,
war ihr alleiniger Schirmherr,
vernichtete den hochmütigen Feind der Heer-
    scharen,
tröstete die Elendigen und Notleidenden.
Doch er verlor seinen Rückhalt,
wurde entmachtet,
und heute hat dieser jämmerliche König
seine ruhmreiche Herrschaft nicht länger inne.

Ganz wie ein Ashoka-Baum,
dessen Blüten abgeschnitten
und dessen Blätter verdorrt
    und abgefallen sind,
hat dieser König Saft und Kraft eingebüßt.

JOHN S. STRONG
»Die Legende von König Ashoka«

Wie wir da so im Innern des Bayon stehen, fühlen wir uns inmitten dieser vielfältigen Mahnungen an die Vergänglichkeit bestürzt und erschüttert. Und doch sind sie zu guter Letzt eher tröstlich für uns, als daß sie uns in Schrecken versetzten, so als heile die Anerkennung des eigenen Todes in gewisser Weise die Wunden, die man durch das Dahinscheiden anderer davongetragen hat.

Ich kann sehen, wie Lynn in einiger Höhe über mir gemächlich einen Balkon überquert, vorbei an dem einzigen Touristen, den wir bislang zu sehen bekommen haben, einem weißbärtigen alten Mann mit Panamahut, der die Ruinen mit einer Super-8-Kamera filmt. Und dann sind sie beide weg. Ich denke an die merkwürdig unbeholfenen Schritte, die mich an diesen Punkt gebracht haben. Wer weiß, wann diese Reise begonnen hat. Kein Zweifel, bevor ich auch nur das Wort *Buddha* gehört hatte. Bruchstücke meiner verschlungenen spirituellen Reise kommen mir in den Sinn wie Halluzinationen aus zweiter Hand. In den Sechzigern die Ausflüge in die Drogenwelt, die mich zum Sufi-Tanz brachten; Hindu-Gesänge; New-Age-Enneagramme; taoistisches Atmen; »Stopp«-Übungen nach Gurdjieff und Arica; Kriyā-, Hatha-, Siddha-, Rāja- und Kundalinī-Yoga, indische Āshrams; Psychoanalyse; peruanischer und indianischer Schamanismus – und das andere Ende: Zynismus und Verzweiflung, Hollywoods trügerische Exzesse, die unter dem farbenfrohen Banner der Unterhaltung das Innerste der Seele für sich ausschlachten. Der mißglückte Versuch, Amerikas Dämonen auszutreiben – in Wahrheit ein wirkungsvoller Beitrag zu ihrer Vermehrung. Danach wieder lähmende Selbstbezogenheit, das Reisen als Ausweg. Der Tanz des Lebens geht weiter. All die Reisen werden allmählich zu verloschenen Träumen.

Und dann zu guter Letzt, zaghaft, der Dharma und die Zufluchtnahme bei Dudjom Rinpoche. Gefolgt von zwanzig weiteren Jahren des Reisens. Indien, Nepal, Ost und West. Los Angeles. New York. Grönland, Australien und Peru. Nord und Süd. Die Kap-Breton-Insel (zwischen Kanada und Neufundland) und Nicaragua. Und immer wieder zwischendurch Teilnahme an Dharma-Touren, die Vereinigten Staaten rauf und runter. Sitzen, Praktizieren, das Praktizieren versäumen, in Tantras und Sūtras eingeweiht werden, die dazugehörigen Erklärungen erhalten, Übertragungen bekommen, zur Ausführung von Meditationspraktiken, die nur für einen engeren Schülerkreis bestimmt sind, und zur Kenntnisnahme von Sachverhalten, die mein Fassungsvermögen übersteigen, ermächtigt werden. Gebete sprechen, Gebete flüstern, Gebete rufen, im Gebet einschlafen, aussteigen, zurückkehren, wieder fortgehen, durchhalten, Verpflichtungen eingehen und brechen und erneut eingehen, Dharma-Zentren und tibetische Politik bis zur Erschöpfung. Warum? Warum nicht? Und wen kümmert's? Über mir, genau jetzt, der aus dem Stein gemeißelte Blick von zweihundert Buddhas. Ausgemeißelt aus ihrer Erfahrung. Ausgemeißelt aus nichts, auf nichts aus. Und wer ist der Beobachter, wer der Beobachtete? Das *Herz-Sūtra* faßt es besser in Worte:

> O Shāriputra, ein Sohn oder eine Tochter aus vornehmer Familie mit dem Wunsch, die tiefgründige

Prajñāpāramitā zu praktizieren, sollte folgende Sichtweise haben: Die fünf Skandhas* als etwas, das leer, ohne eigenes Wesen ist, ansehen. Form ist Leere; Leere ist zugleich Form. Leere ist nichts anderes als Form; Form ist nichts anderes als Leere. In derselben Weise sind Empfindung, Wahrnehmung, Gestaltung und Bewußtsein Leere. So sind, Shāriputra, alle Dharmas als Leere anzusehen …

Und dann gibt es da den Tod eines einundzwanzigjährigen Jungen, eines Jungen, der vor Kreativität und Energie regelrecht explodierte. Und dann war er weg. Wie so viele andere seines Alters. Wie demnächst irgendwann auch wir. Vielleicht heute. Vielleicht morgen. »Alles, was geboren wurde, hat keinen Bestand und ist zum Sterben verurteilt.«

Einmal mehr befinde ich mich auf meinen Knien, Körper und Arme ausgestreckt, und bitte um Zuflucht, während ich mich vor dem geheimnisumwitterten Lächeln des Buddha niederwerfe.

Ich denke an die Antwort, die der Verehrungswürdige Khenpo Karthar Rinpoche einmal auf die Frage nach seinem Leben gab:

* Ein Skandha ist eine der fünf »Anhäufungen«, die die Ganzheit dessen ausmachen, was gemeinhin als »Persönlichkeit« bezeichnet wird. Diese fünf sind: Form, Empfindung, Wahrnehmung, geistige Gestaltungen und Bewußtsein. Die »Anhäufungen« werden auch »Anhäufungen der Anhaftung« genannt. Denn richtet sich erst Begierde oder Sehnsucht auf sie und entsteht Anziehung, so werden sie zu Objekten der Anhaftung. Daraus erwächst Leid.

Wahrhaftig, was für eine überaus faszinierende Person ich doch bin – Glatzkopf, dicke Wampe, beherrsche nicht ein einziges Wort einer anderen Sprache, habe einen Gang wie ein alter Hund, und dabei tue ich ganz so, als sei ich jemand ganz anderes, indem ich einen höheren Rang einzunehmen versuche und dazu meine Dharma-Maskerade trage. Das ist meine Geschichte.

Am Spätnachmittag besuchen wir Ta Prohm, einen weiteren Tempelkomplex von Jayavarman, 1186 seiner Mutter und Prajñāpāramitā, der Göttin der Weisheit, zu Ehren errichtet. Nahe bei dem mit einer Mauer umfriedeten Eingang schreit eine Stimme aus einem plärrenden Lautsprecher und bittet darum, sich finanziell am Wiederaufbau des hiesigen Klosters zu beteiligen. Da haben sie sich einiges vorgenommen. Wir sind so müde, daß wir uns kaum rühren können. Und doch halten wir uns ran, als gelte es, erst einmal sämtliche Tempel von Angkor gesehen zu haben, ehe wir uns schließlich eine Ruhepause gönnen könnten.

Im Inneren von Ta Prohm nichts als Chaos und Verfall. Der Dschungel ist in die Mauern und Gewölbe vorgedrungen. Die Wurzeln von Würgerfeigen- und Banyana-Bäumen haben, gigantischen Pythons oder Kraken gleich, die massiven Felsplatten ganzer Tempel in Stücke gerissen, halten Bildnisse von Göttern und Dämonen gleichermaßen im Würgegriff, verfinstern Torbögen und Gewölbegänge mit einem unwahrscheinlichen Gestrüpp aus alles umschlingenden Fangarmen. Die Weisheit von Prajñāpāramitā gehört nun der Natur und der unabdingbaren Notwendigkeit von Veränderung, Verwitterung und Verfall. Genau das, wovor wir auch stehen und zu dessen Vergewisserung wir den ganzen Weg zurückgelegt haben: Die Sinn- und Zwecklosigkeit unserer Tendenz, die eigene Sterblichkeit nicht anerkennen zu wollen. Diese Präsentation ruinösen Wirkens bedrückt uns nicht so sehr, wie sie uns Erleichterung verschafft. Da bleibt nichts zu tun, nichts herbeizuwünschen, nichts, wovor wir uns zu fürchten hätten. Nur die Notwendigkeit, loszulassen und uns in eine höhere Rhythmik der Kausalität zu fügen.

Wir setzen uns in den Schatten einer zerborstenen Mauer. Es ist unerträglich heiß und schwül. Kein Vogelgesang und keine schwatzenden Affen. Einziger Hinweis auf Leben ist eine Fledermaus, die unterhalb eines Säulenvorbaus hervorgeflogen kommt. Lynn ist so erschöpft, daß sie, zum ersten Mal, außerstande ist zu fotografieren.

Als das bedrohte Angkor von seinen Bewohnern fluchtartig verlassen wurde, wurde die menschenleere Stadt zum Wohnsitz der Natur. Termiten, hohe Feuchtigkeit und Hitze zerstörten allmählich diejenigen Holzhäuser, die den Feuern der Invasoren standgehalten hatten. Schließlich ließ sich die Pflanzenwelt auf einen Ringkampf mit den Steinen ein, und sie gewann. Der laubbedeckte Bodhi-Baum, krakenartig, einen Meter im Umfang, kriecht Stück um Stück seinem sicheren Sieg über die Mehrzahl der Gebäude von Ta Prohm entgegen, schiebt beharrlich seine aschweißen, papierfeinen Wurzeln zwischen den Steinen hindurch und um die Säulen herum. Sie werden größer, dehnen sich aus und wachsen zu wahren Herrschern heran, welche die Bauwerke meisterlich im Griff haben.

PAUL BRUNTON

Wir mühen uns weiter durch die Ruinen, Lynn geht mit wackeligen Schritten zu einem gewaltigen steinernen Lingam hinüber, und ich steige über das Trümmerfeld eines Innenhofs. Hinter einer Ecke stoße ich beinahe mit zwei jungen Mönchen in ockerfarbenen Roben zusammen, die an einer kopflosen Statue von Lokeshvara lehnen. Die Mönche halten genüßlich ein Schwätzchen mit zwei französischen Touristen, die sich auf einer zerbrochenen Steinplatte räkeln. Beide Franzosen, die ein bißchen bekifft aussehen, haben rote Tücher um den Kopf geschlungen. Der ältere von beiden reicht einem der Mönche eine brennende Zigarette. Der inhaliert tief und gibt sie an seinen Freund weiter, der seinerseits einen tiefen Zug nimmt. Kichernd flüstert er einem leuchtend bunten Papagei, der auf seinem Handgelenk hockt, etwas zu. Die Franzosen sind mitten in einer Diskussion über André Malraux, der als junger Mann zwischen zwanzig und dreißig mit seiner Frau nach Kambodscha ging und Khmer-Skulpturen aus Bantai Sarei zu stehlen versuchte. Malraux wurde verhaftet und mußte all seine Verbindungen spielen lassen, um nicht im Gefängnis zu landen. Die Mönche lächeln freundlich, ohne daß ihnen der Name Malraux etwas sagt. Auch scheinen sie nicht sonderlich empört zu sein über den jüngsten Raub von Buddha-Köpfen aus Angkor Thom. Ich denke an meinen Vorschlag neulich in Bangkok, einen Film über Malraux' Abenteuer zu drehen. Ebensogut könnte er einen zeitgenössischen Kontext haben, wodurch der Kostenaufwand für einen in den zwanziger Jahren spielenden Film vermieden würde. Ein Film über zeitgenössische Kunsträuber, die – mit den unausweichlichen karmischen Folgen – die Seele der Religion heimsuchen und ausweiden.

Ich gehe weiter meines Weges und lasse die Franzosen ihre Diskussion allein zu Ende bringen, die zum Preis von Schweizer Uhren auf dem Schwarzmarkt übergegangen ist. Michael Freeman und Roger Warner führen in ihrem 1989 erschienenen Buch über Angkor kurz einige Stationen der Diebstahls-Historie von Khmer-Skulpturen auf:

> Westliches Interesse an Khmer-Skulpturen wurde (während des Regimes der Roten Khmer) wach, sobald die ersten Stücke, überwiegend Köpfe, die sich ja leichter transportieren lassen, klammheimlich über die Grenze nach Thailand geschafft wurden. Nachdem die Vietnamesen im Dezember 1978 einmarschiert waren und das Khmer-Regime gestürzt hatten, herrschte Anarchie, und der Schwarzmarkthandel mit Skulpturen florierte. Wir trafen mehr als zwanzig Strafgefangene, die festgenommen wurden, als sie Tempeldiebstähle verübten, und im Gefängnis von Siem Reap zwischen sechs und zwanzig Jahre abzusitzen hatten. Sie waren keineswegs die ersten Diebe. Die Unsitte des Plünderns reicht zurück bis zur Einnahme von Angkor durch die Thais, die vor 1432 viele Statuen entfernten. (Manche davon nahmen später, 1569, *deren* Eroberer, die Burmesen, an sich, so daß

> diese Stücke schließlich in Mandalay landeten.) 1873 schaffte Delaporte zu Frankreichs kultureller Bereicherung ganz ungeniert viele künstlerisch besonders gelungene Statuen fort.

Lynn und ich sind, jeder auf seine Art, Plünderer von Bildnissen und Dharma-Erfahrungen, die wir später wieder in das alles zerkleinernde Mahlwerk unserer eigenen Kultur stecken. An uns liegt es, diese Erfahrungen in uns aufzunehmen und sie uns zu eigen zu machen, statt mit ihnen vordergründige Eigeninteressen zu verfolgen oder viel Wirbel um sie zu machen.

Ich frage mich, was wohl aus diesen beiden bekifften Mönchen werden wird, die offenbar all ihre Regeln oder Gelöbnisse, die das äußerliche Verhalten betreffen, nicht mehr beachten. Falls die Roten Khmer in Siem Reap wieder die Macht an sich reißen sollten, werden sie dann mit dem Strom schwimmen und ihre Roben ablegen, oder werden sie dem Tod und der Aussicht auf Wiedergeburt mit jenem gelassenen Einverständnis gegenübertreten, das mit dem Vertrauen auf die dharmische »Sicht« einherzugehen scheint? Irgendwie habe ich eher den Eindruck, daß sie durch westliche Einflüsse und auch durch die Anarchie und den Zusammenbruch ihrer eigenen Kultur genug »vergiftet« sind, um das Überleben zu wählen, zumindest eine Art Zwischenlösung. Würde mich nicht überraschen, falls sie bei einer kambodschanischen Exil-Rock'n'Roll-Band in Berlin landeten oder als Kunstschmuggler in Bangkok oder Boston.

Als ich Lynn wiedertreffe, lehnt sie an der zertrümmerten Statue einer Gottheit. Sie ist derart geschwächt und wackelig auf den Beinen, daß ich Samban sofort bitte, uns ins Hotel zurückzubringen.

* * *

In unserem Zimmer sinkt Lynn nieder; sie hat heftiges Kopfweh und Fieber. Wie sie so mit einem Bettlaken zugedeckt daliegt, wartet sie mit der nüchternen Feststellung auf, daß ihr Herz immer langsamer schlägt. Als ich mit Daumen und Zeigefinger an ihrem Handgelenk den Puls fühlen will, ist sein Schlag ganz matt und unregelmäßig. Ich sollte sie ins Krankenhaus bringen – natürlich nur, falls es ein Krankenhaus gibt in Siem Reap oder auf dem UN-Gelände außerhalb der Stadt. Dort muß es doch einen Arzt geben, mag er auch Bulgare sein oder Pakistani. Aber sie lehnt ab, schüttelt den Kopf. Kein Krankenhaus. Kein Arzt. Es sieht ganz so aus, als stünde es jetzt für sie an, ihre Ansprüche auf das Allernotwendigste zu beschränken, keine Hilfe in Anspruch zu nehmen. Und ich bin zu erschöpft, zu ausgebrannt, um sie umzustimmen. Alles an meinem Körper schmerzt, und der quälende Husten, den ich seit Pagan mit mir herumschleppe, steckt mir jetzt noch tiefer in der Brust. Wir liegen Seite an Seite, Hände haltend, benommen, mit leichten Halluzinationen, während der Raum um uns immer enger wird. Da draußen ist Siem Reap, eine vom Schicksal gezeichnete Stadt inmitten eines zerstörten Landes, das auf Anarchie und Bürgerkrieg zueilt. Und dahinter ist Burma, und Thailand, und Vietnam, und China. Und dahinter ... Ist Lynns Herz gebrochen oder krank? Oder beides? Oder leiden wir nur an Hitzschlag und Erschöpfung? Wir sind in ein Land vorgedrungen, für das wir keine Landkarte haben.

Plötzlich fallen Klimaanlage und Beleuchtung aus. Wir liegen auf dem Bett, unfähig zu sprechen, wie gelähmt, in einer stickigen kleinen Kammer. Schließlich helfen wir einander in unsere Sachen und schwanken nach draußen.

Alle Lampen in Siem Reap sind ausgegangen. Auf der anderen Straßenseite haben sich ein paar Männer bei dem antiquierten Hotelgenerator eingefunden. Von ihren Sitzen aus, auf den Motorhauben von Autos, beobachten sie ihn aus sicherer Entfernung, als könne er jeden Moment in die Luft gehen. Die Abendluft ist abgekühlt. Auf der Straße, im Licht eines Halbmondes, der wie der Ohrring einer Hure hoch am Himmel hängt, gleiten Fahrräder vorüber. Sind wir wirklich in Angkor Wat und in Ta Prohm und im Bayon gewesen? Wann war das? Gestern? Voriges Jahr? Vor dreihundert Jahren? Vor tausend Jahren? Haben Shiva und Vishnu wirklich mit den Mahāyāna-Gottheiten getanzt? Wir sind über die Gebeine der Khmer-Vergangenheit geschritten, doch die Ermächtigung* für den Zugang zu ihr war verschlüsselt, uns viel zu fern, so daß uns nur Kunst und Nostalgie blieben. Wohin gehen wir? Wo sind wir gewesen? »OM GATE GATE PARAGATE PARASAMGATE...« – Jenseits des Jenseits.

Der Generator stottert und keucht, und die Hotellichter gehen an. Doch ansonsten liegt Siem Reap weiterhin im Dunkeln.

Zurück im Zimmer verfällt Lynn in unruhigen Schlaf,

* Dieser Ausdruck ist hier in der Bedeutung gebraucht, die er im Vajrayāna hat: Als rituelle Einweihung des Schülers durch den Meister in spezielle Meditations-Praktiken, deren Ausübung eine solche Einweihung verbindlich voraussetzt. (A.d.Ü.)

während ich mir auf BBC die Asien-Nachrichten ansehe. Nordkorea baut eine Atombombe. Die Chinesen springen in bezug auf Hongkong rücksichtslos mit den Briten um. Die Roten Khmer haben weitere acht Menschen in der Nähe von Phnom Penh ermordet. Die Japaner stecken in einer wirtschaftlichen Depression. Die Australier sind wegen des Ozonlochs über der Antarktis besorgt. Ich schaue zu Lynn. Sie starrt unverwandt an die Zimmerdecke. Ihr Fieber ist schlimmer geworden; ich gebe ihr zwei Tylenol-Tabletten und tupfe ihre Stirn mit einem feuchten Handtuch ab. Sie flüstert, daß sie nicht mehr den Willen und die Energie habe, weiterzumachen. Ich versuche ihr beim Hinsetzen zu helfen, doch sie ist zu schwach. Telefon gibt es nicht. Niemand ist da, den ich um Hilfe bitten könnte. Draußen herrscht Ausgangssperre, und die im Dunkeln liegenden Straßen sind in Erwartung der Roten Khmer verwaist. Sie stöhnt. Sie kann sich nicht länger durchkämpfen, flüstert sie. Sie kann nicht aufhören, an Ayrev zu denken. Sie möchte bei ihm sein. Wo ist er? Wohin ist er gegangen? Ich beuge mich näher zu ihr hin. »Ich begreife Peter und Robert.« (Ihre beiden engsten Freunde, Peter Hujar und Robert Mapplethorpe, die beide an AIDS gestorben sind.) »Daß sie nicht mehr kämpfen konnten. Daß sie an einem Punkt ankamen, wo sie loslassen mußten. Ich möchte loslassen. Ich bin so schwach.«

Ich lege meinen Körper wie eine schützende Hülle um den ihren. »Du darfst nicht loslassen«, flüstere ich. »Das steht so nicht im Programm. Sowieso, was würde ich ohne dich tun? Ich weiß doch kaum, wie man Wasser kocht.«

Sie lächelt matt und schließt die Augen. Passiert es wirklich? Steht sie wirklich im Begriff, in Kambodscha zu sterben? Ich kann das nicht hinnehmen.

Ich tupfe ihren gesamten Körper mit einem feuchten Handtuch ab. Ich werde es nicht geschehen lassen. Es wird nicht geschehen. In einem wahnsinnig profanen Moment frage ich mich, wen ich anrufen werde, falls sie stirbt. Rufe ich meinen Anwalt an? Meinen Agenten? Einen Freund? Gibt es einen Lama, den ich anrufen kann? Einen Heiler? Kann ich Gelek Rinpoche anrufen, der uns so sehr half, als Ayrev starb? Was könnte er sagen, das er nicht bereits gesagt hat? Was kann überhaupt jemand sagen? Da gibt es niemanden, den ich anrufen könnte. Zumal kein Telefon vorhanden ist. Keine Hilfe. Kein Arzt. Kein Zeuge. Wir sind vollkommen allein. Vielmehr, sie ist allein. Ich bin bei ihr, doch sie entschlüpft in eine Einsamkeit, in die ich ihr nicht folgen kann. Ich lasse den Kopf nicht länger hängen, halte ihre Hand, sitze auf der Bettkante: Sei einfach bei ihr. Sei bei ihrer Atmung, laß deine Gedanken los. Wenn du jemanden anrufen willst, ruf dich selbst an.

Und verlier nicht gleich die Nerven, falls ein Besetzt-Signal zu hören ist. Halte sie ganz einfach. Ich denke an die Bardo-Gebete, die für alle Zeiten in meinen Geist eingeprägt sind; Gebete, die wir monatelang jeden Morgen und jeden Abend gesprochen haben, für Ayrev, für uns und für all die zahllosen Wesen, die gestorben sind, im Sterben liegen oder sterben werden:

> O Buddhas und Bodhisattvas, die verstehende Weisheit, das liebende Mitgefühl, eure so wirksamen Möglichkeiten zu handeln und die schützende

> Kraft, über die ihr verfügt, gehen völlig über unser Begriffsvermögen hinaus. O Ihr Verkörperungen der Mitgefühls-Aktivität, *jemand* begibt sich fort aus dieser Welt zu dem anderen Gestade…

Ihren Namen kann ich nicht nennen. Ich kann nicht *Lynn* sagen, wie wenn dadurch alles besiegelt würde. Ich kann nur *jemand, irgend jemand* sagen. Aber nicht sie. Nicht Lynn. Die Worte hören nicht auf, kommen wie von selbst:

> Jemand verläßt diese Welt, jemand liegt im Sterben, und ihm bleibt keine andere Wahl, jemand hat keine Freunde, erfährt großes Leid, hat keine Zuflucht, hat keinen Schützer, hat keine Verbündeten … (Wer? Wer? Wer?) … das Licht dieses Lebens ist verloschen, jemand ist auf dem Weg in eine andere Welt … (Niemand. Niemand. Niemand.) Doch irgendwo tritt jemand in eine große Wildnis ein, wird von einem großen Ozean fortgespült, setzt seinen Fuß auf völlig unsicheren Boden … Jemandem jagt der Herr des Todes mit seinen Boten unsäglichen Schrecken ein …
> Lynn, ich, jeder einzelne, wir sind hilflos … O Ihr Verkörperungen der Mitgefühls-Aktivität, seid eine Zuflucht für Lynn Davis, die keine Zuflucht hat, schützt sie, verteidigt sie, bewahrt sie vor der großen Finsternis des Bardo. …

Ich kann nicht mehr. Ich sitze seitlich auf dem Bett. Keine Gebete. Keine Gedanken. Keine Hoffnung. Warum kann ich mich nicht rühren? Warum finde ich nicht zu mir? Lynns Zustand bewegt sich irgendwo zwischen Wachen und Schlafen. Sie ist eigentümlich ruhig. Wiederholt blickt sie mich an, versucht mit ihren Augen, mich zu beruhigen, worauf ich mit umso größerer Beunruhigung reagiere.

Schließlich dringt langsam das erste Licht der Morgendämmerung ins Zimmer. Die lange Nacht ist vorüber. Sie ist noch am Leben. Sie ist sogar imstande, sich aufzusetzen und sich anzukleiden.

Solange wir uns noch rühren können, entschließen wir uns, den nächsten Flug nach Phnom Penh zu nehmen.

* * *

Der Aufenthaltsraum im Flughafen ist voll von bewaffneten UN-Soldaten. Wir sitzen wortlos da. Der Raum ist eine Zwischenstation. Ein Bardo-Durchgang, wie es ihn ja auch im Ausgangspunkt unserer Reise, am Flughafen von Bangkok, gegeben hat. Unsere Pilgerreise ist vorüber. Doch wir sind noch nicht annähernd wieder zu dem Punkt gekommen, richtige Wertschätzung für das Leben aufbringen zu können. Schließlich gehen wir an Bord eines Flugzeugs. Irgendwie überstehen wir den einstündigen Rückflug nach Phnom Penh.

> Nicht dadurch, daß man (bloß) von Ort zu Ort
> zieht, wird man je auf den Daseins-Sinn stoßen:
> Doch Befreiung von Kummer gibt es nicht, es sei
> denn, man ist auf den Daseins-Sinn gestoßen.
> Darum soll ein Mensch daseins-verständig, weise
> werden,
> mit dem Daseins-Sinn in Übereinstimmung kommen,
> jemand, der ein heiliges Leben führen konnte.

Im Wissen um den Daseins-Sinn verlangt es ihn, da jeglicher Durst gestillt ist,
weder nach dieser Welt noch nach einer anderen.

SAMYUTTA-NIKĀYA

In Phnom Penh beschließen wir, gleich nach Bangkok weiterzureisen, wo sichergestellt ist, daß wir einen Arzt aufsuchen können. Falls wir hierblieben, könnten wir uns auf einmal inmitten eines Bürgerkriegs befinden, der offenbar jeden Moment ausbrechen kann.

Unser Flugzeug wird erst in drei Stunden losfliegen. Zur Überbrückung der Zeit gehen wir ins Cambodiana zurück, um verschiedene Dharma-Bücher abzuholen, die einzupacken ich vergessen hatte.

An einer Kreuzung fährt unser Taxi langsamer, vorbei an einem entstellten Körper, der mitten in einer Blutlache liegt, neben einem LKW, dessen Räder sich zuoberst befinden, und einem völlig demolierten Personenwagen. Ist da eine Bombe hochgegangen oder ein Unfall passiert? Das Aufblitzen einer Erinnerung: Ayrev auf der Rollbahre im Krankenhaus von Phoenix. Lynn, die seine Stirn berührt, seine Augen küßt, das seinen Körper verhüllende Laken hochhebt, vollkommen bewegungslos verharrt, außerhalb der Zeit, mit fassungslosem Blick angesichts ihres toten Sohnes.

Die Bücher sind nicht im Hotel. Vielleicht ist es an der Zeit, auf diese Dharma-Zitate zu verzichten, die mich auf unserer Reise wie ein Hilfsmittel gegen die Angst umgeben und mich an die nicht enden wollende Subjektivität eines Geistes erinnert haben, der durch die Springreifen seiner gewohnheitsmäßigen Muster hüpft wie eine Ratte in ihrem Käfig.

Auf jeden Fall ist unsere Pilgerfahrt, falls unsere Reise denn eine solche war, vorüber. Wir trinken Kaffee in der Eingangshalle des Hotels. Irgendwie wissen wir beide, daß wir den durch unsere persönliche Tragödie hervorgerufenen Erschöpfungszustand überleben werden und daß das Leben weitergeht. Mit weniger Hoffnung und weniger Furcht. Vielleicht sogar mit bereitwilligerer Annahme der Unausweichlichkeit von Leid und von Freude gleichermaßen. Und vielleicht wird es ferner in unserem Lebensalltag andere Prioritäten geben; neben den üblichen Ablenkungen, neben der Unterhaltung, neben dem Materiellen, neben all den krankhaften Abhängigkeiten unserer Kultur. Wir fragen uns, was deren angestammten Platz einnehmen wird. Werden wir in unsere mechanischen Rhythmen zurückverfallen, in unsere von Unwissenheit bestimmten Projektionen? Wahrscheinlich. Kein Zweifel. Aber es wird irgendwie anders sein.

Als wir zum Flughafen zurückfahren, sehen wir uns an dem erwähnten Unfallort einem enormen Verkehrsstau gegenüber. UN-Soldaten überall. Ein Dutzend Soldaten bemühen sich, den Verkehr zu lenken, doch die einzigen Maschinen, die sich bewegen, sind die Fahrräder und Motorräder, die um den Stau herumzischen wie hysterische Wasserflöhe. Uns bleibt nur eine halbe Stunde, bevor unser Flugzeug abfliegt, und wir sind plötzlich total in Panik. Alles hängt an diesem Flug. All unsere Hoffnungen und Befürchtungen haben auf dieses eine Ziel hin Kontur angenommen. Genauso schnell, wie wir uns selbst zu den aus dieser Reise gezogenen Lehren beglückwünscht hatten, haben wir sie vergessen. Vergessen ist Achtsamkeit. Vergessen ist die Handlung des Nicht-Handelns. Vergessen ist »kein Kommen, kein Gehen«. Vergessen sind die erleuchteten Blicke der Buddhas von Angkor Thom und ebenso die bezaubernde Vorwärtsbewegung des schreitenden Buddha in Sukhothai auf dem Weg zu seinem eigenen Werden.

Achselzuckend sagt uns der Fahrer, unsere einzige Chance sei ein Motorrad. Mit weichen Knien und mit unseren Taschen bepackt steigen wir aus dem Taxi. Der Taxifahrer hält zwei Motorräder an und erklärt den Jungs, die sie fahren, beide noch Teenager mit Adidas und Guns n' Roses T-Shirts, daß uns ganze zehn Minuten bleiben, um es bis zum Flugzeug zu schaffen.

Die Taschen unter die Arme geklemmt, klettern wir auf die Beifahrersitze der Motorräder. Die Fahrer grinsen sich an, als ob sie nicht ganz dicht wären, dann startet derjenige, der Lynn fährt, seine Maschine mit dem Kickstarter, und sie verschwindet im allgemeinen Chaos des Verkehrsstaus. Als das Motorrad, auf dem ich sitze, losröhrt, sehe ich den Silbervorhang ihres Haars hinter ihr im Fahrtwind wie eine schimmernde Aura oder Gloriole. Und dann ist sie weg. Womöglich werde ich sie nie wiedersehen. Eine wahre Flut lebhafter Bilder vom Untergang Phnom Penhs und Saigons kommt über mich ... von Flüchtlingen allüberall, die unfaßlichen Katastrophen zu entrinnen versuchen, planlos, ziellos. Eine Woge von Heimatlosen, die über die Erde schwappt. Und dann, für einen Moment, lasse ich los. Keine Lynn, kein Ayrev, keine Trauer, keine Furcht, keine Hoffnung, keine Freude, kein Leid. Auch kein Loslassen mehr. Da gibt es bloß noch den Wind und das Hochgefühl von Beschleunigung und sich mit dem Motorrad in die Kurve legen, während es sich an all den Hindernissen, die überall um uns herum auftauchen, entstehendem und vergehendem und von neuem wieder entstehendem Leben, vorbeimanövriert.

* * *

Als wir am Flughafen ankommen, wird der Flugsteig gerade geschlossen. Wir sind die letzten Passagiere, die sie noch hereinlassen.

> Unser Dasein ist so kurzlebig wie Wolken im Herbst. Geburt und Tod der Lebewesen zu beobachten ist, als betrachte man die Bewegungen eines Tanzes.
> Eine Lebensspanne ist wie das Aufflackern eines Blitzes am Himmel.
> Sie eilt dahin wie ein Sturzbach an einem steilen Berghang.
>
> DIAMANT-SŪTRA

INHALT